まわりに振り回されない

自信の教科書

これで、あなたも一流の自信持ちになれる!

夜部達彦

はじめに

一流の人は皆共通して自信に溢れています。名前を挙げる必要もないほどの有名人、トップアスリート、ビジネスリーダーたちは共通して一流の自信を持っています。そんな彼らをみて「一流の自信を持ち合わせていない人」はその理由を「彼らは偉人だから」と初めから一流の自信の正体を探ることをしません。一流の自信を持っている人は能力や人徳が高く、運まで備え付けているといった固定観念を持っていたり、一部の選ばれた人間しか自信というものは持てないと勘違いしてしまっていることが多いのです。

特に、あなたが人間性、ビジネス、恋愛、家庭、お金などの何かに悩み「自信がない」と思っているのであれば上記の思いはより根深いものになっているのではないでしょうか。

でも大丈夫です。あなたは自信がないから本書を手に取ってくれているということは、著者である私は重々承知です。自信がない理由はさまざまな部分にありますが「一番直結しているな」と思うことは、この国に「自信をつける」という教育カリキュラムや概念がこれまでに無かったことです。

あなたに**「自信をつけやすい思考環境を整える」という感覚を持っていただき、外見か**

らは見えない「中身」の強化に本書を使っていただければと思います。

実は**一流の自信とは「自己生産」されている**ことがほとんどであり、その生産パターンを一流の自信を持っている人は共通して持ち合わせています。彼らはどこかのタイミングで「一流の自信」に出会っているのです。つまり、「あなた次第で一流の自信は手に入る」ということです。

こうしたことを書くと、「自信は持ってはいけない」「根拠のないものはダメだ」と思い込んでいる人ほど強烈な拒絶反応を示し、「そんなこと簡単にできるはずがない」と言い切るでしょう。そんなことを言っている人はどんなに良質なカリキュラムでも思考環境を変えることはできません。理由は簡単です。現状の思考環境が一番正しい、もしくは一番心地よい（自身を変えたくない）と思っているからです。

本書の内容を実直に取り組んでいただいても、目に見えて第三者に分かるものではなく心の内側の整備に使えるものですから安心してください。反省があれば一人で誰にも知られずにすればいいし、使えそうな点があれば取り入れてもらえばいいのです。いらない内容があれば流せばいいだけです。

ただ一つ注意してほしいことがあります。それは、あなたがあなたと向き合うとき、人には「隠す」習性があることを覚えておいて欲しいのです。**隠すとは本当の自分を「偽る」ということ**で、これまでの過去記憶であなたの素直さが少なくなっているかもしれないということです。あなたが偽る人と言っているわけではなく、向き合うときの念頭に入れて欲しいのです。

本書を**「あなたの常識を壊していく固定観念の破壊本」**として利用していただければと思います。

一流の自信を身につけることで、人生はこれまで感じたことのない自信に満ち溢れます。「自信だけでは何も解決できない」と、もしあなたが思っているとしても、本書を読み進めていくうちに「自信がないとなにも解決できない」ということが分かっていくでしょう。本書は2回読まれることをおすすめします。1回目に読むと「現実」を理解でき、2回目に読むと「自信」が湧いてきます。

一流の自信を身につけ、誰にも邪魔されない満足いく人生を一刻も早く歩みましょう。本書を手に取った今が、変われるチャンス！　です。

目次

1章 一流の人はなぜ自信がみなぎっているのか？

5章 あなたも自信持ちになる行動

6章 9個の悩みを一流の自信に変える処方箋

1章

一流の人はなぜ自信がみなぎっているのか？

「一流の自信＝強い」ではない

人間は皆弱いものです。「あの人は強い」と周りから言われるような人でも、落ち込んだりすることは多々あります。しかし、実はこの落ち込む原因のほとんどが「気にしすぎ」です。

自信のない人は、気にしすぎな人が多く、他人から見て「そんなことはない」と思えることでも、自信を失っている人は細かなことを拾い上げて気に病んでいます。そして、最初は細かなことだったのが、自分の中でどんどん膨らませ、いつの間にか身動きが取れないほどに抱え込んでしまっているのです。

自信を持つ、というと「自信家」をイメージすると思いますが、私が言いたいのはそうではなく「自信持ち」になりましょう、ということです。

この「自信持ち」という言葉を私はよく使います。決して「自信家になろう」と

は言いません。なぜなら、「自信家」と「自信持ち」は違うからです。**「自信持ち」とは、良い面も悪い面も含めて自分を知っていて、それでも「自分は自分、そんな自分のことを認めている」と言える人を意味します。**

まず、「自信持ち」は自分の中で自分というものが定まっています。なので、外部（他人）からの影響をうけません。そして、自分を高めるべく、自分の趣向を強くする努力をしています。これが、私が本書で言う「一流の自信」です。

一方、「自信家」は自信過剰の場合が多く、自分の持つ自信というものを人に強要します。「自分にもできたのだから、君もやれ」という感じです。しかし、「自信持ち」はあくまで自分の中に自分の持つ自信を留めています。人に強要することはありません。

また、「自信家」は自分と同じような自信を持っていない人を見ると、イライラしたり、見下したりしますが、「自信持ち」は「人は人、自分は自分」と割り切り、自信を持っていない人を見ても「そういう生き方、考え方がある」と尊重します。**「一流の自信＝強い」ではないことを知っているからです。**

一流の自信持ちでも、本当は弱い人間です。だからこそ自分自身を見つめているにすぎず、できること・できないことの見極めをしっかり行っています。自分にできないことや、興味のないことを無理に行っても、自信を失ってしまうことがわかっているのです。「自信持ち」ほど自分自身の弱点や度量（キャパ）を知っていて、自分に嘘をつきません。自分のできる範囲を知っていて、限界を知っていますし、自分を誰よりも俯瞰して見ています。他人にとやかく言われても関係ないと、自分の身の丈にあった選択をします。それが一流の自信を手に入れる一番の近道であることを知っているのです。

「自信持ち」は、弱いからこそ得られるものであることがお分かりいただけたでしょうか？　つまり、**今この本を手にしているあなたこそ、一流の自信持ちになる資格がある、**と言えるのです。

人間には生まれながらに授かった力と、生まれてから身につけられる力の2つがあります。人間の可能性は無限大でありながら、人生の期限は有限です。年齢は関係なく、いつでも始めようと思ったときがスタートです。あなたには無限の可能性があります。一流の自信持ちへと狙いを定めて、無限の可能性と向き合ってください。

POINT

「自信家」と「自信持ち」は違います。「自信持ち」とは、「自分は自分、そんな自分のことを認めている」と言える人です。「自信持ち」は、弱いからこそ得られるものであり、今この本を手にしているあなたこそ、一流の自信持ちになる資格があるのです。

個性＝自信の時代へ
昭和の考え方を捨てる時代が来ている

いまや個性が尊重される時代になってきています。仕事の在り方も良い会社に就職し定年まで勤めあげるのが良しであったのが、オフィスを持たない個人事業主やユーチューバーなど、形に囚われない働き方が増えています。また、以前なら隠し通さなければいけなかった同性愛など、これまでの概念では型破りでも「良いものは良い」「悪いものは悪い」と評価される時代がやって来ました。

情報が溢れている昨今では、超高速で常識が変わっていきます。**そんな時代で最も重要なのが「個性」です。**つまり「変なやつ」「変わっている」と言われているくらいがちょうどいいのです。かえって「優等生」「良いお家の子」という、以前はステータスだったことに価値がおかれなくなっています。

こういった以前はステータスだったこと、常識であったことに拘ることを「昭和

の考え方」と私は例えていますが、要するに「固定観念」に囚われた考え方だということです。

「固定観念」に囚われた考え方（昭和の考え方）は、

・1日3食必ず食べないといけない
・学校に通わないといけない
・先輩には従わないといけない
・正社員で働かないといけない

といった「〜しなければいけない」という考え方が固定観念の怖さであり、自ら選択肢を狭めてしまうことになります。このように、選択肢を狭めてしまうことは「他人と比較する原因」を作り出すことになります。他人と比較しているうちは、一流の「自信持ち」にはなれません。

他人と比較せず、自分の持つ個性を光り輝かせていくことが一流の「自信持ち」になるためには必要不可欠なのです。

「個性のある人」は、枠組みのない自由な世界で生きているように見え、膨大な情報社会の波の中をスイスイと泳いでいるように思えるのでしょう。昭和の考えという固定観念に囚われていると時代の変化についていけず、ついていけない自分に自信をなくしてしまいます。

個性とは字のごとく「個の性質」です。あなたの価値は「個性」にあります。もし固定観念によって押し殺している個性があるのなら、すぐにのびのびと解放してあげてください。仮に誰かに馬鹿にされたとしても、そんな自分を隠さずに生きることがあなたの価値を高めます。

一流の「自信持ち」は、自分の持っている個性を人と比較せず、自分の長所と捉えるのです。それが一流の自信となります。

POINT

固定観念によって、あなたの個性が消されているかもしれません。もっとあなたの個性を出してのびのびやっていきましょう。

「成功した＝自信」ではなく成功していなくても自信はつかめる

結果を出している・成功している・実績がある……こんな人でないと自信を持ってはいけないと思っている人も多くいます。しかし、自信を持つことに「学歴」や「国家資格」などは不要で、自信は自分自身の中にあるものであり、「世界共通」で使えるのです。「自信持ち」の一流、二流、三流は次のような思考で作られます。

・一流の人は自信に見合った自分を作る。
・二流の人は自信を得ようとする。
・三流の人は他人と比較する。

自信には、人間の信念や謙虚さが大きく反映されます。今三流だからといって一流になれないわけではないのです。

あなたが本当に自分の思考を変えて、自信を持ちたいと思うなら一流の自信は手に入ります。まずは、「実績などの世間でいう成功」というものがないから私は自信が持てない！　と思わないことです。どんな人にも必ず長所があります。その長所を自信に変えるのです。

もし自分の長所がわからないのであれば、あなたのことをよく知っている親しい人に聞いてみるのもいいでしょう。きっとあなたが想像もしていない長所に相手は気づいているはずです。人は自分のことはわからなくても、他人のことはよく見えるものです。あなたもそうではないでしょうか？

自信のない人ほど自分のことを知らなかったりするものですが、人のことはよく見ています。そして、「あの人はこんなに素晴らしいものを持っているけれど、自分にはない」というように比較しているのです。このように第三者と比較をしたり、他人の目を気にすればするほど、吸血鬼に血を吸われているように自信は枯渇していきます。

例えば、仲間うちで料理を持ちよりホームパーティーをしたとき、友人があなたの持ってきた料理を「あなたの料理は美味しいね」と褒めてくれたとしましょう。

ネガティブな人は「私なんかより○○さんの料理のほうがずっと美味しいわよ」と第三者と比較して、素直にお礼を言えなかったり、「このレベルではまだまだ」と自分をもっと追い込みます。

それでは一体、いつになったら自分のことを認めるのでしょうか？　もしかしてそれは、今日でもいいのではないですか？　なぜなら、すでに友人から評価されているのですから。「あなたの料理は美味しいね」と言ってくれているのです。「わぁ、お口に合って嬉しいわ。ありがとう」とお礼を言って、友人に喜んでもらえたことを認めればいいだけですよね。そこでわざわざ他の友人と比べて卑下したり、私なんてまだまだ……と言うのは、美味しいと言ってくれた友人も残念な気持ちになるでしょう。

ここで大事なのは、**何が一番かよりも、何が好き（欲しい）か、**です。つまり、友人に料理を褒められたことで「友人に喜んでもらえる料理を作れる自分」になれたということです。料理が好きで、友人たちに喜んでもらおうと作った料理を褒められたのですから、「友人たちに喜んでもらえる料理を作れたこと」に自信を持てばいいのです。

このように、**視点を変えてみることで思考は柔軟になります。**あなたが持てるはずの選択肢はたくさんあると思います。ぜひたくさんの選択肢を持ち、人生を輝かせてください。

POINT

成功をしていなくても、プロでなくても自信はつかめます。大切なことは一番ではなく、何が欲しいか（求められているか）です。

強靭な一流の自信を作り出すためには「小さな良いこと」を積み重ねる

「自信家」の人ほど、大きな自信を追い求めます。大きな自信とは誰が見ても「成功」「達成」「快挙」と思われることで、例えば「全国大会で優勝した」とか「1億円稼いでいる」というようなことを指します。

このような実績や成功による大きな自信は、一部の人しか持てないものですし、実は非常に脆いものでもあります。自分の挙げた実績や成功は、また次から次へと追い越されていきます。大きな自信を持っている「自信家」ほど、追い越されたときのダメージは大きいです。

「一流の自信持ち」は、このような「大きな自信」だけで一流の自信を構築していません。では**「一流の自信持ち」は自信をどう作っているのかというと、日々の中から「小さな自信」を採集して積み上げていくのが上手**なのです。小さな自信とは「他人からは見落とされるくらいの小さな自信」です。

例えば、電車でお年寄りに席を譲って笑顔で「ありがとう」と言われた、道に落ちているゴミを拾った、コンビニにある募金箱にお釣りを寄付した、といったような、他人からは気づかれないようなことを「今日は良いことしたな！」と感じ取り、そんな**小さくても良いことをした自分を誇りに思えるようになることが「見落とされるくらい小さな自信」を積み上げる方法なのです。**

このように、日常の生活の中にもあなたが「自信」に感じるべき事柄は確実に転がっているはずです。転がっている小さな自信は、お金にすると1円玉かもしれません。でも1円玉も1億個集めれば1億円です。

「自信持ち」はこのような小さな自信でも大切にします。誰しも一晩で自信を持てるようにはなりません。小さな成功をいかに作り出し、見つけ出すかです。

同様に「最近明るくなったね」と褒められた。「仕事が早くなったね」と上司から言われた。このような一言は日常を探せばたくさん転がっています。しかし、転がってはいるものの人間は「悪いこと」ばかりが記憶に残ってしまいます。

だから小さな成功に気づかないままネガティブになってしまうことが多いのです。

一流の自信を作る方法は、シンプルに小さな成功の繰り返しをしているだけです。一流の「自信持ち」になるためには、お金持ちになったり、社会的な地位を築いたり、有名になる必要はありません。

日常での小さな目標を決めてみましょう。あなたのペースで達成できそうな目標をメモに書いてみてください。ちりも積もれば山のような自信になります。継続は力なりです。目標を決めるといっても、どんな目標を決めればいいか分からないという人は、1日1回今日の自分を振り返る時間を作ってみましょう。お風呂に入っているときでも、眠る前でも構いません。今日自分が行った小さな成功体験をひとつ見つけて、自分を褒めてあげてください。

できればノートなどに書き出すことをおすすめします。書き出すことでより脳の奥深くに実感として伝わります。

POINT

強靭な一流の自信は、小さな成功体験の積み重ねです。今日から1つずつ小さな成功体験を見つけていきましょう。

やめる・捨てる・変わる勇気を持つことからすべては始まる

これまでの時代（平成の前半くらい）までであれば「足し算」を積極的に行うことで、人は自信を付けていくことができました。

知らない知識を学び、その後得た知識を生かして行動に移していく。シンプルにそれだけでよかったのです。なぜならネットが普及しておらず、テレビ・新聞・本などのマスメディアか、人づての口コミ・広告などのオフラインでしか情報を得ることができなかったからです。

このようなオフラインでは、情報を得るために時間がかかることも多かったでしょう。しかし、それが当たり前の時代、不自由だと感じる人はほぼいなかったのではないでしょうか。

しかし、現代は「引き算」の時代になっています。自分の目の前にある人生に向き合い、その人生に必要な知識を得て人生を豊かに生きようとした「足し算」の時

代は終焉を迎え、「引き算」の時代へと変化を遂げています。情報を得るとき、ネットからのオンライン情報に頼る人が激増しています。新聞を契約する家庭が減り、ニュースはネット情報から得るのが当たり前になっています。

「引き算」とは「情報の選別」を意味します。

一人一台スマートフォンを持つ時代、手の中に世界中の情報を集めることができるようになったと言っても過言ではないでしょう。この膨大な情報は、必要としている、していないにかかわらず、インターネットに繋げば溢れるように目に入ってくるのです。

これからは、これらの膨大な情報から、自分にとって必要な情報を選りすぐっていかないといけません。つまり、**膨大な情報の中からいらない情報を「捨てる」という選択が必要になってきます。**「何かを付け足すのではなく何かを捨てる」こと、それが私が「現代は引き算の時代」だという所以です。

現代はオンライン時代。たった10年ほどで時代が大きく変わっています。通信手段ひとつにとっても、公衆電話からポケベルになり、携帯電話が生まれ、それがスマートフォンになっていったように、技術革新は顕著です。欲しい情報をインターネットで検索すれば、色々な情報が溢れている世の中になりました。今は個人でもSNSで発信ができるので、実にさまざまな価値観と情報が飛び交っている状態です。それはある意味便利ですが、これらの情報をどんどん「足し算」していくとどうなるでしょうか？

膨大な情報に溺れることになり、それらの情報によってあなたの不安がどんどん煽られる結果になってしまうでしょう。そしてその情報たちがあなたから自信を奪ってしまうことにもなりかねないのです。実際、あなた自身もそんな感覚を持ったことがあるのではないでしょうか？

こういった情報を含め、**何かを捨てる「引き算」、つまり「やめる」勇気を持つことからすべては始まります。**なぜなら、自分自身と素直に向き合うことができるようになるからです。それは、あなたに一流の自信を持たせる第一歩となります。

この「やめる」・「捨てる」・「変わる」の3つに共通して必要なものが、決断する「勇気」です。では、この「勇気」はどうしたら持てるのでしょうか？

決断する勇気が持てない人の多くは、何かしらに「依存」しています。この依存が、あなたが決断するのを邪魔しているのです。まずは、何かに依存せずに決断する「勇気」を持てる土台を作るために次の3点を見つめ直しましょう。

1　過去に縛られない

人間は過去に起きた出来事を元に基準を作り、行動するかしないかを決めています。そのため過去の記憶に失敗した経験があると、なかなか勇気をもって活動に移すことができません、しかし、過去と現在のあなたの状況は違いますし、さらに同じことが必ず起こるという保証もないのです。過去に縛られずに今を歩んでください。

2　他人の目を気にしない

自分の良し悪しを判断するのは他人ではなく、あなたです。他人の目は気にしなくていいのです。あなたの中で正しいと思えることが、あなたにとっての正解で、その正解を導けた結果は一流の自信の原動力になります。

3 白黒を明確にしない

人生には、明確に白黒がつかないことも起こります。そのため無理に結論を焦らず、短期的・長期的の両方の目線を持って行動することも必要です。白黒をつけないといけない理由など存在しないのです。

この3点をしなければ、あなたは何かしらに「依存」しなくなります。**「依存」しなくなることで、決断する「勇気」が生まれてくるのです。**

POINT

現代は引き算の時代。膨大な情報の中からいらない情報を「捨てる」という選択が必要になってきます。何かを捨てる「引き算」、つまり「やめる」勇気を持つことからすべては始まるのです。

ちょっとしたことで自信を失わない人になるにはコツがある

自分には無限の可能性があり、一流の自信持ちになれるということがわかったと言っても、そこは人間ですから、悩んで落ち込むこともあるでしょう。そんなときは、毎日が楽しくなくなり、体調が悪くなったり、イライラしやすくなる、などのネガティブな状態に陥ってしまいます。しかし、悩んでいても何も生まれません。

そんなときは、**「悩まない・落ち込まない」という選択をする**のです。そこで、悩まない・落ち込まない人になるための3つの法則をお伝えしましょう。

1 執着しない

人は色々なものに執着して生きています。人、モノ、感情……、執着すると人間関係のトラブルに巻き込まれたり、嫉妬などの感情に囚われて自分自身の感情を扱えず苦しむことになります。執着を捨てれば、こういったトラブルによる被害を免

れることができます。

被害が起きなければ、自信がなくなることはまずありません。つまり、無駄なリスクを減らすことができるということです。執着しなくても残るものは残りますし、執着するから残らないものもあります。

ＳＮＳの炎上がいい例で、炎上するとコメントでひたすら叩いてくる人が現れます。しかし炎上して叩かれても、コメント内容に執着する人としない人では精神的ダメージは異なります。

執着する人は「なぜ私にそんなことを言ってくるのか」と気にして、日常生活の中でもずっと考えて落ち着かなくなります。執着しない人は「まぁ、気にしても仕方ないよね！」とかわしてしまうので、日常生活になんの支障もきたしません。執着する人は自説に固執し、白黒つけようとします。だから考える必要のないことまで考えてしまうのです。

例えば、学生時代に友人から「あなたって大人しいよね」と言われたとします。ただ「大人しい人」と言われただけなのに、「あの子はきっと大人しい私のことを嫌いなんだ……」と悪い方向にとらえ、「嫌われる自分はダメなんだ」と思い込み、自ら自信を失くしていきます。そして「大人しい自分」にコンプレックスを持ち、その後の人生を生きづらくしてしまいます。

しかし歳月が流れ、同窓会でその友人に再会したときに「相変わらずあなたは大人しいね！　私はいつも喋りすぎて失敗するから、あなたのそういう物静かなところがすごくいいなと思っていたの」というような話になり、「えっ！　嫌われていたんじゃなかったんだ」とびっくりすることは珍しくありません。

このように**執着していると後ろ向きになってしまい、本来の自分の良さ（自信の源）を忘れてしまいます。執着することで苦しみ、悩み、落ち込むよりも、流れに任せて心穏やかに生き、今自分自身にあるものを大切にしましょう。**あなたはあなたでいい、シンプルにそれだけなのです。

2 結論を求めすぎない（上手にやろうと思わない）

世の中にはすべての物事に白黒をはっきりつけたがる人がいますが、白黒つけられる場合と、そうでない場合があります。この白黒をつける考え方というのは、人間の考え方のクセでもあり、白黒をつけるからこそうまくいく物事もあります。

例えば、上司に「この企画書を夕方までに作成しておいて」と言われたときは、「やります」「できません」の2つの回答しかできません。しかし、何事においてもこのように「100か、0か」といったような考え方だと、気持ちのうえでも物理的にも無理がでてきます。

私の患者さんの中にも「私は我慢ばかりしてしまう人なんです」と言われる人がいます。しかし、厳密に言うとそれは違います。相手によっては我慢していないこともあるだろうし、これまで我慢ばかりしていたとしても、今後は我慢しなくなるかもしれないからです。

しかし、無意識のうちに「我慢ばかりしている」と断定する人は多いです。そうすると、「選択肢が減り、自分の可能性を狭める」・「ストレスが溜まる」・「考えが浅くなる」・「自分や他人を責める」といったことが起こりやすくなり、色々な面で無理ができてきます。

このような無理を生じさせないためには、グレーゾーンの設定や「仕方ない」と割り切ることも大切になってきます。つまり、「考えても無駄」という思考を持つことです。白黒をはっきりつけようとする人は、責任感が強く、仕事でも役職に就いていて、なおかつ幼少期から厳しいしつけをされている人ほど陥りやすい傾向があります。

世の中には白か黒かに分類できないことは山ほどあります。自分自身のことなど、特にそうです。自分はこうあるべき、という考えは自分の世界を小さくしてしまい、あなたから無限の可能性を奪ってしまいます。

3 忘れる

現代の情報社会において「忘れる」ということはとても大きな長所になるのではないでしょうか。忘れられず些細なことも記憶に残してしまう人は、ずっと頭に悩み事が残ってしまい、切り替えるのに苦労することが多々あります。そして「自分を責めて」しまいます。

あなたはあなたが思うように生きていればいいのに、なぜかあなたが思う「普通」

や「常識」「こうあるべき」という像から少しでも外れてしまうと自分を「責めて」しまうのです。こういった人は、思い込みが激しく、物ごとを決めつける傾向があります。「〜しなければならない」といった考えに囚われて、できないことを挙げては自分を責める。できないことをいつまでも覚えているから、常に苦しい感情を抱えてしまうのです。

「私は普通じゃない……」、もしそう思うことがあれば、自分を責めるのではなく褒めてあげてください。**まだまだ可能性が残されている、つまり伸びしろがあるということを認めてあげるのです。そして、さっさと忘れてしまいましょう。**

これからの時代「忘れる」ということは、生きる上でとても大切な要素になります。どうしても忘れられない人は

・別のことを考える
・何も考えられないほど体を動かす
・お笑いのＹｏｕＴｕｂｅを見る

・早く寝る
・お腹いっぱい限界までご飯を食べる
・信頼できる友人などに思いっきり吐き出す

など、忘れるための工夫をしてみてください。このような例はほんの一例で、結局は自分なりの「忘れるための方法」を見つけておくことが大切です。

POINT

悩まない・落ち込まない人になるためには、「執着しない」「結論を求めすぎない（上手にやろうと思わない）」「忘れる」という「悩まない・落ち込まない」という選択をすることが重要です。

自信がない人は自信がない人になりたがっている

自信がない人は、実は自分自身が「自信がない人」になりたがっていることに気づいているでしょうか？

「自信を持てるようになりたい」と口では言っていても、いつまでも同じことを言うだけで、動こうとしない。こういう人は、**変わることを心のどこかで恐れています。「自信がない人」のままがいい**のです。そのほうがきっと自分にとって都合がいいのでしょう。

なぜなら、自信がない人のほうが期待されずにすみます。期待されれば、応えないといけない、と思っています。それがプレッシャーとなり苦しくなるのです。それなら、最初から期待されないほうが楽です。自分を変えて自信持ちになんてならないほうが、結果的にしんどくないと考えているのです。

私にはファッションコーディネーターとして独立している友人がいます。もともと彼はファッションと関係のない仕事をしており、周囲から将来を期待されていました。職場で頭角を表すものの「まだまだできていない」「何で俺はダメなんだ」と自分を責めていたのです。そして彼は体調を崩してしまいました。

そんな時たまたま私たち友人の集まる飲み会があり、その時の話の流れでファッションセンスのない私の服選びに協力してくれることになりました。その服選びが彼にはとても楽しかったらしく、結果的に会社を辞めてファッションコーディネーターとして独立し、現在でも活動しています。

もともとファッションが好きで、オシャレでカッコいい彼だったから、独立できたのでしょうか？　違います。職場では、できないことを見つけ自分を責めていた彼でしたが、自分の好きな洋服選びが人のお役に立つという喜びを知ったことで、**自分の中にある強みを見つけ、それが自信になっていった**のです。

自分の中では当たり前だけど、他人にはできないこと。それが「その人の強み」であり、**自分の強みを見つけた人は自分に自信を持つ**ようになります。

日常のルーティーンを少し変えたり、ちょっと視点を変えたり踏み込むだけで、今まで自信がなかった人でもイキイキと自信のある人に変わるのです。

人間には「四苦」といって、生きる・老いる・病む・死ぬという4つの苦しみがあるといわれていますが、生きている限り必ず苦しみを感じます。でも、この苦しみは楽しみにも変えられます。なぜなら、**自信とは物事の受け取り方ですべてを変えられる無形の事柄**だからです。ここに気づいたあなたは今すぐ「自信持ち」になれるのです。

POINT

自分の中では当たり前だけど、そこにあなたの強みが眠っています。それによって過去に小さな成功をしてきているかもしれません。自信がないのではなく、自信を得るチャンスを見逃しているのです。

一流の自信持ちは自信がない人に興味を示さない

一流の「自信持ち」な人ほど自信がない人には興味を示しません。自信にまるで匂いがあるかのように、一流の人はそれらを嗅ぎ分けていきます。つまり、「類は友を呼ぶ」ということです。

もしあなたの周りに「一流の自信持ちの人はいない」と思うのであれば、すぐにあなたの行動や思考を変えていきましょう。**一流の人があなたの周りにいないのではなく、一流の人が近寄らない自分になっているかもしれません。**

一流の「自信持ち」の人は、多忙であることが多いです。なぜなら、**一流の「自信持ち」には一流の「自信持ち」の人が集まります。**物事はすべて人が運んできます。情報、人脈、そしてお金もそうです。つまり、人生を豊かにするために必要なものは、人が運んでくれるということです。ですから一流の「自信持ち」の人は、仕

事も多忙で、人との付き合いも多く、日々忙しく充実した人生を送っています。
そんな充実した人生を送っている一流の「自信持ち」の人ですから、自信のない人にまで時間をさくことができません。周りには一流の「自信持ち」が集まっていて、そんな同じ一流同士、共有することがたくさんあるのです。

もしあなたの周りに、「どうせ私なんて……」とか、「私にはいいことが何も起こらない」とか、「私に○○があれば、もっといい人生になっているに違いない」といった、自信がないことを公言するような人ばかりが集まっているとしたら、要注意です。あなたの目の前でそう言っている人たちは、あなたの写し鏡です。厳しいようですが、それが今のあなたの姿と言えます。

私自身も初めから自信があったわけではありません。そしてまだまだ成長途上の人間です。まさしく「類は友を呼ぶ」で、自信がない頃は一流の「自信持ち」の人に出会うことも少なかったです。わざわざ県外へセミナーや勉強会に行っても、業界の一流の方と話してみたいと思っても、気後れして話しかけることすらできない状態でした。

偶然にも隣の席になり、話をするタイミングがあっても相手とのレベルが違いすぎて話が合いません。自信がないので、「こんな話をしたら笑われるのではないか」という思いが先行して、せっかくのチャンスなのにろくに話もできずに終わったこともあります。

こういった経験があってそれから数年間、私は自分自身を高める取り組みを行いました。その結果、今では定期的に一流の方々とお会いする機会をいただくまでになりました。

自分自身を高める取り組みとは、**私が「自信」を得られる取り組み**です。当時私は、「今の自分はダメだ」とまるで自己暗示をかけるように思い続けていました。

しかし、それではダメな自分を変えることはできませんでした。そのため私は「自信がつくまで決めたことを貫く」ことを行いました。もちろん決めたことを貫くときは逆風も吹きます。


一流の「自信持ち」を目指すときに必ず出てくる課題は「嫌われる可能性」です。

自分は自分のために頑張っているだけなのに周囲に嫌われてしまうことがあります。
私自身、そんな状態になったとき「なんでわかってもらえないんだろう？」と思うこともありました。しかし、わかってくれる人や共感してくれる人は必ず残って応援してくれるのです。

どうですか？　そう思うと「嫌われる」ことも怖くはないと思えませんか？
極端かもしれませんが、自信がない人たちからＳＮＳでブロックされるくらい突出した自分の個性を持つことが、あなたらしさを輝かせ一流の「自信持ち」へ導いてくれるのです。

POINT

嫌われることを怖れてはいけません。あなたの個性を発揮したとき、きっと自信持ちへ導いてくれます。

自信がない人ほど一流からは嫌われる!?

一流の人は、自分が関わりたいと思う人との時間を大切にします。それは、利害関係の有る無しではなく、お金持ち同士だからというわけでもありません。一流の人は、一流の自信を持ち合わせている人と関わりたいと思っているのです。

自分に自信がないと、一流の人との交流が遠ざかってしまいます。なぜなら、**自信がない人は、自分の自信のなさを肯定してくれる人とばかり交流し、そこから抜け出せなくなっている**からです。自信がある人を見ては、その人と比べて自分はダメだと劣等感を持ってしまい、自信のある人を遠ざけます。なので、自信のなさを肯定してくれる人と交流する……という悪循環になっています。

一流の自信持ちとは、お金持ちでも、人脈持ちでもなく、「わたし」という芯を持っている人のことです。一流の自信を持った人と交流することが、あなたを一流の

自信持ちに近づけることです。まずは、あなたがあなた自身を認めてあげましょう。**自分を認めることを繰り返すことで、「わたし」という芯ができ、自信を持てるようになります。**

自信を持ち、日常が楽しくなった、物事がうまくいくようになったというのは、**「やり方」を変えたのではなく「考え方」を変えた**のです。**自分のことを他人とではなく過去の自分と比べ、そんな自分を認めながら、一流の自信を持った人と交流し、**さらにあなたの自信を深めていってください。

POINT

自分の自信のなさを肯定してくれる人たちとは離れます。比べるは、他人よりも過去の自分。成長した自分を認めて、ブレない芯を持った一流の自信持ちの人たちと交流しましょう。

2章

自信の正体はそもそもなんなの？

自信とは字のごとく「自分を信じる技術」である

本書を手に取っていただいているあなたは、自分に自信がない、という人だと思います。では、質問を変えましょう。あなたは自分を信じていますか？

おそらく自分に自信がない、というあなたですから、ＹＥＳと即答できないと思います。自分を信じているか？　と聞かれると、どこか不安な要素があるのかもしれませんね。ですが不安を持っていることは悪いことでもなんでもありません。不安とは、人間だからこそ持てる感情であり、人間が不安を感じるのは生存本能でもあるのです。

そこでまず「自信」とは何か、それをきちんと理解しておく必要があります。自信というものを理解できていないので、自分の中にある不安要素で自信というものを誤って理解しているケースが多くあるからです。

最初に重要なことをあなたにお伝えしておきます。

それは、**自信があるかないかを評価できるのは「自分でしかない」**という事実です。つまり**自信は「自分を信じる技術」であり、判断基準が「自分基準」である**ということです。

これがどういうことか分かりますか？　自信とは「自分なりの自信でいい」のです。

でもこう聞くと、無神経で自己中心的な考え方だと思われるかもしれませんね。この無神経・自己中心的という言葉こそが第三者からもたらされるものです。これに惑わされると自分の基準が作れなくなります。**他人から自信を否定されても、自分で自分を否定しなければいい**のです。それが「自分を信じる」ということです。

もちろん、相手の話を聞かないわけではありません。相手の話の中から取り入れたいと思えることは積極的に取り入ればいいのですが、取り入れたくないことまで無理に取り入れる必要はありません。先ほどの無神経・自己中心的といった他者評価の言葉がまさにそれで、わざわざ自分がつらい思いをしてまで取り入れる必要はないのです。
なぜなら、**あなたの人生は誰のものでもなくあなたのもの**だからです。あなたが自信に溢れていれば、あなたの自信によって救われたり、励まされたりする人が必ずいるはずです。行動していなくても、存在しているだけであなたに救われる人は必ずいます。

「えっ？　存在しているだけで？」と思いますか？　温かく優しい自信に溢れている人は、そこにいるだけで周囲に安心感を与えます。

例えばチームで試合に出る前に、チームメイトから明るい笑顔で「大丈夫！　今日の試合のためにつらい練習を積んできたでしょ。私たちなら勝てる！」と言われると、なんだかホッとして本当に勝てるような気持ちになりませんか？　このように、自信のある人が登場するとネガティブな感情がポジティブな感情へと変わっていきます。自信のある人が近くにいると、自分も同じように気持ちが前向きになります。存在しているだけで救われる、というのはそういうことなのです。

今は自信がなくてもいいのです。自分を信じましょう。まずはあなたに元気をくれる人のように、自信があるように振舞ってみてください。

するとと初めはメッキ（偽物）だったとしても、やがて継続することで本物になっていくことはよくあります。あなたがそんな人になりたいと思うなら、「自分を信じること」によってあなたも変わっていくことができます。

POINT

自信とは「自分を信じること」です。周りの人が決めることではありません。自分なりの自信で、人を救ったり励ますこともできるはずです。まずは、自信がある振る舞いを継続していくことが本物への近道です。

自分を信じるための要素は3つ

自信とは「自分を信じる技術」であり、判断基準が「自分基準」であるわけですが、さらに**自分を信じるためには、自分自身の「自信の素」という要素が必要**です。

この要素には、

・能力
・知識
・信念

の3つの要素があります。この3つの要素は一流の自信の土台となります。では、なぜ3つの要素が一流の自信の土台となるのかをひとつずつ見ていきましょう。

●能力

人は必ず何らかの能力を持っています。この能力を「強み」といいます。強みとは、自分が他の人より無意識に出来ていることです。就職の際、面接でも「あなたの強みはなんですか？」と聞かれることが多いこの強みですが、自分自身が自覚していないことも多いものです。この**自分が持っている強みを知ることが自信を持つためには必要**です。

しかし、もしあなたが「自分は経験も実績もないし、人より勝っているところがないから強みなんてない」と思っているなら、それは大きな間違いです。**自分が勝手に「自分がここは人より出来ていると思っていること」でいい**のです。

●知識

自信をつけるということは、自分を磨いていくことでもあります。**自分を磨くということは、学ぶ習慣を身につける**ということです。

学ぶといっても、学校やセミナーで学ぶ「勉強」ではなく、本を読んだり、映画を見たり、新しい人との出会いや、人との会話の中といった日常的なことからでも

「自分にとって必要な学び」を得ることができます。要は、**自分を成長させていこう、という気持ちを持つことが大切**だということです。

あなたが「これまで褒められたり評価されたりしたことがないのに、自信を持てるはずがない」と思っているなら、自分を成長させ、これからそういったことをたくさん経験できるような人生にしていけばいいのです。**新たな知識を得ることで、自分でも気づかなかった意外な側面に気づく**でしょう。

自信を持つためには、いろいろな自分を知る必要があります。自信が持てない自分が嫌なら、いろいろな経験をし、知識を増やして、自分が知らなかった自分をたくさん見つけてあげましょう。

●信念

自信がない人は、人に好かれることや人から評価されることで、自分を確立しようとします。ですから他者に依存してしまいます。他者に依存して生きていると、自分を好きだと言ってくれる人がいない、評価してもらえないとなると自分自身に価値がないと思い、さらに自信をなくしていきます。

ですから、**他者からの愛情や信頼を得ることに神経をすり減らすよりも、まずは「自分の信念を持つ」ことです。自分の信念に他人は関係ありません。**

信念といってもなにも壮大なことではなく、友人たちをランチに行ったときにみんなが「Aランチ」と言ったとしても、自分が食べたかったら「Bランチ」と言える、そんなことでもいいのです。**自分の好きなこと、信じられるものの嗜好をどんどん人生の中に取り入れていく**ことです。

人になんと言われようと、それが好き。そういう信念をしっかり持てるようになれば、それが自分を信頼することにつながります。自分に自信を持つ、とは自分を信頼することでもあるのです。

POINT

自分を信じるためには、自分自身の「自信の素」になる能力・知識・信念の3つの要素が必要。この3つの要素がバランスよく持てるようになれば、それが一流の自信の土台となります。

日常生活での経験の蓄積が自信につながる

人間は、過去の記憶から自分にとっての良し悪しの判断をしています。**この過去の記憶とは、自分が経験してどう感じたか？　といった捉え方に基づいて出来上がっています。**

この過去の経験において、成功体験の少ない人は失敗体験の記憶が勝っています。失敗体験の記憶が多いほど、自分を信じることができず、自分はできない人間だと勘違いしています。

そのため「自分がそんなことができるわけがない」「こんな自分だから、結果を出せるわけがない」とどんなことに対してもネガティブに考えてしまいます。

私自身の経験から、**何かを10回行えばそのうち1回くらいしか成功しない**と感じています。つまり10回のうち9回は失敗することが前提なのです。たった1回やっただけで「ほら、やっぱり私はダメなんだ」とあきらめてしまうと、それは成功体

験にはならず失敗体験として残ります。しかし、**9回やってあきらめず10回目に成功すれば「できた」という成功体験となって、あなたの自信になる**のです。

もし、あなたが10回やっても10回すべて失敗するのなら、それはあなた自身の**「できる」という目標設定が高すぎる**のが原因かもしれません。自信をもてない人にとって必要な成功体験は、大きく立派な成功体験よりも、むしろ**日常生活の中で体験する「小さな成功体験」をたくさん積み重ねる**ことです。

例えば、いつもオシャレに似合う着こなしをしている人だって、最初から自分に似合うものを知っていたわけではありません。今年の流行だからと購入してみれば、なんだかだらしなく見えるとか、太って見えるとか、そういう失敗も数多くしてきています。そういった失敗体験もしつつ、人に素敵だと褒められたり、この色の洋服は似合わないと思ったけれど顔色がよく見える色だった、などの小さな成功体験を積み重ねることで、自分に似合う洋服を選ぶ力がついていったのです。

失敗体験を「だから私は洋服を選ぶのが下手なんだ」と捉えず、「これは私に似合わないということがわかった」と前向きに捉える。そして、さらにチャレンジしていくことで成功体験が増え「私は自分に似合う洋服を選ぶことができる」という自信になっていく。**自信とは、こういった日常生活の中からいくらでも作っていくことができる**のです。

POINT

日常生活の中でたくさんの成功体験や失敗体験を繰り返し、それらを蓄積していくことで自信は生まれていきます。9回失敗したとしてもあきらめず10回目にチャレンジする。失敗は自分にとってうまくいかない方法を知るために必要なことなのです。

未知のことでも成功が イメージできればうまくいく！

あなたはビジョンを持っていますか？　ビジョンとは簡単に言うと「未来像」のことです。**あなたが未来、どんな人になって、どんなことをしたいのか？**　ということです。自信がない人は、自分の未来を考えることをしません。考えようとすると、自信のない自分が「考えてもどうせできないのだから無駄だよ」と打ち消してしまうからです。

今からでも遅くはありません。**あなたがどんな自信を身に着けたいのか、自信を持てれば何をしたいのか、ということを具体的なビジョンとして描いていく**ことです。具体的に思い描くほどに、それらは実際手に入れやすくなります。

人はイメージ出来ないことに対し、不安を感じる生き物です。一流の自信持ちは、出来る、出来ないにかかわらず、色々なビジョンを持っています。

一流の自信持ちはこの「具体的にイメージすること」が得意です。そして、根拠もなく「それは必ず叶う」と思っています。

なりたい自分をイメージすることが難しい人は、自分の素直な欲求から探してみるといいでしょう。例えば「イタリアに行ってみたい」「モデルのような洋服を着てみたい」「美味しいものをたくさん食べたい」というように、です。

そこで自分が体験している姿をイメージしてみるのです。どんな笑顔でしょうか？どんな立ち振る舞いをしているでしょうか？　決しておどおどした自信のないあなたではないはずです。笑顔でキラキラした目をしているのではないでしょうか。そこにいるあなたが、なりたい自分のイメージなのです。

なりたい自分のイメージができれば、それは必ず実現します。

そして、なりたい自分がより早く実現化するためのポイントがあります。ひとつは**なりたい自分をイメージで目に入れるようにする**こと。ふたつ目は、**目標までを段階的にイメージする**ことです。

例えばイタリアに行きたいなら、イタリアの行きたい場所の景色をスマホの待ち受け画面にして毎日見たり、プリントアウトして部屋のよく見える場所に貼ったりします。毎日目にすることで、そこにいる自分のイメージを脳に刻み付けるのです。

そうすれば、**イメージはあなたの脳に、より鮮明な「自信にあふれた、なりたい自分」を刻み付けます。**

そして「イタリアに行く」が目標なら、その**目標を達成するためにステップを作っていき、段階的にイメージができるようにします。**ステップごとに「次にそれができたら、次はこうなる」というように、段階的にイメージします。この時、イメージしたことを文字にして残すようにするといいでしょう。そうすることで、「これなら私でも出来るかも」と思うことができるようになります。例えば、

1　イタリア旅行のパンフレットを貰ってくる
2　コースを決める
3　必要な旅費を貯める
4　旅費のめどがついたらツアーに申し込む

というようにイタリアに行くまでに自分が行うことを段階的に書くと、「イタリアって遠いと思っていたけれど、4ステップで行けるんだ」というように現実的に見えてきます。

自分の未来を変えられるのは、あなただけです。誰に遠慮することなくあなたがなりたい自分をイメージし、あなたがなりたい夢を叶えてください。

自信がないから出来ないのではなく、イメージできないから出来ないのです。こうしてひとつひとつ、実現化していくことでそれらは揺るぎないあなたの自信となって身につきます。

POINT

自分を信じるためには、こんな風になりたいという明確なビジョンを思い浮かべ、そこにいる自分を具体的にイメージすることです。イメージはあなたの脳に、より鮮明な「自信にあふれた、なりたい自分」を刻み付けます。

成功を思い込ませることで自信はあとからでもついてくる

一流の自信持ちの人は「自分はやったら出来る人間だ」と思っています。しかし、自信のない人は「自分はやっても出来ない人間だ」と思っています。この自分を信じる力の差は、どこで分かれるのでしょうか?

その違いの差は、「物事の受けとめ方」です。自分に自信がある人は、日常の中でどんな小さなことでも「できた」「うまくいった」と捉え、それを成功体験として、上手に積み上げています。反対に、自分に自信がない人は、他人から見て「できている」と思うことも「まだダメ」「できてない」と自分で思っています。

このような自分を信じることができないという人は、子供の頃に「自分はできない子、ダメな子」と思い込んでしまった経験を持っています。その多くは周囲の大人が悪気なく言った言葉や態度から受け取ったものです。この経験が自分自身の奥深くに間違った潜在意識として刷り込まれてしまい、「何もできない」「失敗する」

います。

「価値がない人間だ」「決めたことがうまくいかない」といった評価を自分に下しています。

人は誰しも一人ひとりがさまざまな能力を持っています。しかし、子どものころにこういった経験をし、潜在意識に刷り込んでしまっていると、素晴らしい能力を持っていても、まるで重い蓋がされているような状態で持っている能力が発揮できない状態になっているのです。

その素晴らしい能力に蓋をしている自分を変えるためには、**今持っている「できない」という情報を書き換える**必要があります。**「できなかった」のではなく、「成功した」と思い込ませる**のです。

日常の中のちょっとしたエピソードは自分でも忘れていることが多いもの。しかし、そのような中にこそ実は「できた」「うまくいった」という経験が隠れているのです。このような自分の中で忘れてしまっているような小さなことを思い出してみましょう。**ポイントは、思いがけずうまくいった、思っていた以上に人に喜ばれた**

ことなどを思い出すことです。

例えば、私の友人の経験なのですが、学生のときに風邪をひいて学校を休んだ人にノートを貸してあげたことがあったそうです。すると、自分が思った以上に喜んでくれて「すごく見やすいノートで、お陰で学校を休んだけど授業の内容がよく分かった」と言ってくれたそうです。

友人はそのことを思い出したとき、**自分が人に認められた成功体験を持っていた**ことに気づいたと言います。あのとき、お礼を言われて「いやいや、字もキレイじゃないし、そんなに褒めてもらえるほどのノートじゃない」と素直に受け取れなかったらしいのですが、「人が読みやすいと言ってくれるノートをまとめる力が自分にはあるんだ」と受け取り直すことで、新たな自信を手に入れることができたと嬉しそうでした。

このように蓋を開ける作業の先には、新しいあなたが待っています。ぜひ面倒くさがらずに、自分自身の潜在意識の蓋を開けることにトライしてください。

小さな「できた」「うまくいった」を積み上げている人は、自分を信じる気持ち、つまり自信を積み上げていっています。「自信」という貯金を毎日少しずつしている感じです。

自信というものは、自分を信じるという肯定的な思い込みで「自己信頼」「自己肯定感」ともいえます。過去の出来事の捉え方を変え、成功体験に変えることで、どんどん自信を持てるようになるでしょう。

POINT

一流の自信持ちと自信がない人との違いは「物事の受け止め方」だけです。自分が忘れてしまっている過去の出来事を思い出し、「自分はできていた」と捉え方を変えれば、自信はあとからでもついてきます。

自信過剰が驕りや慢心を引き寄せることもある

自信がある人と自信過剰な人が混同されることがありますが、まったくの別物です。自信過剰とは、「自信を多く持ちすぎること。本来の実力や地位などを見誤り、自ら過大評価している」ことです。「実際以上に自分がすぐれていると思い込んで得意になる」という自惚れとも言えます。自信がある人と、自信過剰（自惚れ）な人は根本的に違います。一流の自信持ちは、自信過剰になることはありません。

自信過剰な人の特長として、

・自己顕示欲が強い
・コンプレックスを持っている
・自分を認めて欲しい気持ちが強く、周りの評価を気にする

があります。例えば身の丈に合わないブランド品を身につけていたり、必要以上に事業規模を誇大に説明したりといったような、話を大きくして語ったりすることが多くあります。これらの特長から見えるのは、言い方は悪いですが「弱い犬ほどよく吠える」ということです。つまり、**自信過剰な人は「自信がない」からこそ、実際の自分より大きく自分を見せようとする**のです。一流の自信持ちが自信過剰になることはない、といった意味が分かっていただけたでしょうか？

自信過剰になる原因として、

・自分の器（キャパ）を超えること
・自分を忘れること

があります。**今在る現実が、自分を超えている場合に起こりやすくなります。**

例えば、仮想通貨で儲け思わぬ大金を手にしたとします。自分が大金を扱える器ではないのに大金を手にしてしまうと、自分がすごい人間になったような気になり、自分を忘れてしまいます。そして、他の人を見下したくなったり、自分はすごいと勘違いしたり、お金があるアピールをし始めたりと、自信過剰な人の特長そのままの言動が目に付くようになるのです。

自信過剰による驕りや慢心は、思考も行動も停滞してしまい、成長していくことはありません。ここが一流の自信持ちとの大きな違いです。

自信過剰な人は裏打ちされた自信がないので、自信をなくすのも早い。そして自信を失くしたときに、とことん落ち切ろうとしてしまうので危険です。

自信過剰は、「自信がない」と紙一重なのです。

POINT

自信がある人と、自信過剰な人は根本的に違う。自信過剰な人は「自信がない」からこそ、実際の自分より大きく自分を見せようとし、自信をなくすのも早い。自信過剰による驕りや慢心は、思考も行動も停滞してしまうので危険です。

つまり、自信とは…

自信の正体がなんなのか、なんとなくでも理解できたでしょうか？　自信とは、**自分を信じるという肯定的な思い込み**で「自己信頼」「自己肯定感」のことです。

判断基準が「自分基準」なので、他人から与えられるものではなく、自分でしか自分に与えることができません。また、自分を信じるためには、自分自身の能力・知識・信念の「自信の素」という３つの要素をバランスよく持っていることが大切です。

自信は現在の自分を否定せず、自分の過去を前向きに捉える力と、自分の明るい可能性に満ちた未来を信じる気持ちで成り立つものです。それらを合わせ持っているのが、本書で言う「一流の自信持ち」なのです。

自信の正体が分かったら、自分も自信が持てるようになる、という明るい気持ちになりませんか？　自信の正体が分かったら、以下の３つのことをしっかりと頭に

入れておきましょう。

1 自信を持つには成功体験を積み重ねること

過去にあった出来事の捉え方を変えることで成功体験に変える。また、これから起こる出来事の捉え方も変えていくこと。成功体験の中にもランクがあり、ランクが高いほど自信につながっていきます。

2 自分でイメージはコントロールできる

イメージがコントロールできるということは、結果、自分自身もコントロールできる、ということです。

3 自分への信頼度をあげていく

自分を信じることができるのは、自分自身でしかない。自分への信頼度は、他者と比較していないことの指標でもあります。

あなたに自信を持たせることが出来るのは、他でもないあなた自身です。自分自身を過小評価せず、「自分ならできるはず」「自分には可能性がある」と捉え方を変えていくことは必ずあなたの力になります。
自分を小さく見せることなく、また無駄に大きく見せることもなく。もし、自分はまだまだダメだと思いそうになったら、「自分の中にはたくさんの可能性が眠っている」と打ち消してください。

POINT

自信の正体、それは自分をいかに信じることができるかという技術であり、自分の中に眠る可能性をも信じる力です。そしてそれは、誰もが持てるものであり、決して人から与えられるものではないのです。

3章

なぜ、そんなに自信がないの？

あなたが自信を持てない理由

自信の正体をひと言で言い表すと「自分を信じる技術」なのですが、**自分に自信が持てない人は「自分を信じる技術」を得ることができなかった人**といえます。では、なぜ自分を信じる技術を得ることができなかったのでしょうか？

自信が持てない理由は、大きく次の３つに分けられます。

１　幼いころからの環境による
２　自分以外のものと比較するから
３　物事の捉え方

これらの３つの中に、あなたが自信を持てない理由があるはずです。では、この３つの理由を詳しくみていきましょう。

1 幼いころからの環境による

人は幼いころの経験により、「自分は何者なのか」という「自我」を形成します。**大人になっても「自信が持てない」と悩む人の多くは、幼いころの環境に大きく影響を受けています。その一番影響を与えているのが家族です。**自信が持てない人の多くは、親や祖父母、兄弟など家族の誰かからダメ出しをされて育っています。

家族はあなたのためを思って助言しているつもりだったかもしれません。しかし、「なんでこんなことが出来ないの」「邪魔だからあっちへ行ってて」「お兄ちゃんは勉強が出来るのに、どうしてあなたは…」というような、存在を否定されたり、やったことを認めてもらえなかったりして育つと、**「自分には価値がある」という自己肯定感を持つことが出来ないまま大人になってしまいます。**

このように幼いころから否定されて育った人は、何かにつけ「どうせ私がやっても上手くいくわけがない」と、自分に対して否定的になってしまい、自信が持てない大きな原因となります。

2 自分以外のものと比較するから

自分に自信が持てない人は、なぜか自分以外の人は自分に自信がある人だと思っている傾向があります。だからますます自分に自信が持てなくなってしまうことも少なくありません。

自信が持てない人は、人・物・お金・環境……これらをすべて自分以外のものと比較します。そして「自分にはこれがない、あれがない」と自分にないものにフォーカスします。こういう人は**「こうなりたい自分」が現実とかけ離れているため、自信を喪失してしまう**のです。

とくに幼少期から親に人と比べられて育った人は、「自分は人より劣っているダメな子だ」と思い込んでいる傾向が強いので、**「人と比較して自分を卑下する」ことが当たり前の思考回路になっています。**何かにつけて自分を他人と比べ、人よりも自分が「できない」「持っていない」理由を探してしまい、**自分は自分であるのに、他人のようになれないことに苦しんでしまう**のです。

また、何事も比較して卑下する人は「もの」や「お金」に頼った自信を持とうとする傾向があります。

3 物事の捉え方

自信が持てない人は、これまで生きてきた過去記憶の中の出来事を「うまくいかなかった」「出来なかった」というように「失敗体験」として捉えているので、「自分は何をやってもうまくいかない」といった思考回路になっています。

自信を持てない理由のほとんどは、この捉え方の問題であることが非常に多いです。過去において、出来なかった経験というのは誰しも必ず持っています。にもかかわらず、自信を持って生きている人と自分が持てないまま生きている人がいるのは、「その出来事をどう捉えたか？」ということです。

POINT

あなたが自信を持てない理由は、幼いころからの環境・自分以外のものと比較するクセ・物事の捉え方の3つの中にあります。気づいた今が、自信を持つ自分へ変われるチャンス！　です。

自信が持てないのは「着眼点」を変えることを恐れるから

自信が持てない人は「自分の悪い部分ばかりに目がいってしまう」という共通点があります。他人から見たら「あんなことができて羨ましい」と思われることでも、それを否定してしまう人は多くいます。

もちろんあなたを本当に評価できるのはあなた自身なので、あなたができていないと思えばできていないでいいのですが、この**「できる」「できない」を決める基準が異常に高いと「完璧主義」になってしまいます。完璧主義は一見自信にあふれて見えますが、つい人と比較してしまい、ネガティブにフォーカスしていく傾向にあります。**

こうなると常に自分のできないところを見続けることになるので、どんどん自信をなくしていくのです。また、周囲からのアドバイスも素直に聞けなくなってしまうので、視野を狭めてしまい、なかなか完璧主義から抜け出せなくなってしまいま

す。

こうした人は着眼点を変えることをおすすめします。**着眼点とは、注目する（着眼する）ポイントであり、一つの事象をどう捉えるか、ということです。**特に「気が利く人」や「仕事のできる人」「賢い人」と言われる人ほど、この完璧主義の落とし穴にハマりやすく「こうあるべき」「こうするべき」といった一方向からの着眼点（捉え方）しかないことが多いのです。そして壁に当たると、これまで高めていた「～べき」で構築していた着眼点が崩壊していくので自信をなくし、急激な悩み事としてぶつかってしまいます。

私も着眼点に悩んだ経験があります。そんな時に相談したのが、私のコーチングの師匠の先生でした。「あなたはいつも同じことに悩んでいることに気付いていますか？」と言われハッとしました。

自分自身、悩みは同じルーティーンなのにそこになかなか気づかなかったのです。だから同じことを繰り返し、自分のことが見えなくなり、第三者に言われても「そんなことないでしょ？」と疑っていました。しかし、よく考えると確かにそうだと納得したのです。

このように、**着眼点を変えることができない人は、同じルーティーンで悩んでいます。**

もしあなたがいつも何か悩み事を抱えているようであれば、紙にその悩み事を書いてみてください。2個目、3個目と悩み事を書いていくうちに共通点が見つかるでしょう。

これは、私の会社で実践している【なんで？　ワーク】ですが、自分の悩み事のルーティーンを知るためにおすすめです。具体的な方法は、まず

・なんで悩んでいるのか？
・その解決策は何か？
・それで本当に解決するのか？

の3つを挙げてみて、その中から可能な限り共通点を探してください。できれば

1つの問題に5回以上は「なんで？」と質問を繰り返します。そうすると、同じ言葉が出てくることに気づくはずです。こうして共通点をあぶり出してみましょう。すると、あなたの変えるべき着眼点がわかるようになります。

これまでずっと当たり前に思っていた自分の着眼点を変えることは怖いものです。だからこそ紙に書いて目に見えるようにしていくと、驚くほどに明確に問題がわかるようになっていきます。いかに自分が同じルーティーンで悩んでいたか、なぜそれで悩んでいたかがわかり、自分を変えるきっかけになっていくでしょう。

POINT

着眼点を変えることができない人は、同じルーティーンで悩んでいます。紙に書いて目に見えるようにしていくと、あなたの変えるべき着眼点がわかります。

根拠を求めれば自信は崩壊する

　自信のない人は、さまざまなことにチャレンジすることを恐れています。確証、結論、根拠、実績など、目に見える結果を重要視することはとても大切です。

　この4つをまとめて「根拠」として記しますが、**根拠を追求するという心理の裏側には「失敗したくない心理」というものが働いています。この中には「失敗は悪いものだ」というネガティブな思考も含まれています。**

　今の時代、パソコンやスマートフォンでいつでも情報を得ることができ、非常に便利な世の中になりましたが、逆になんでも根拠を追及しようと行動を起こす前に情報を入手し、「思っていたより難しそうだからやめよう」などといった理由を見つけてしまうことがあります。

　何かを購入する前に本当にその商品が良いのかどうか、「情報を裏取りしないと信

用できない」というのは、口コミサイトなどの普及でもわかるように、間違いなく時代の流れにもあっていると思います。しかし、このように**情報ばかり集めていると「失敗したくない気持ち」はより一層強まってしまいます。**

情報を集め始めると、色々な情報が溢れているので必ず「人が失敗した情報」も目にするでしょう。自分に自信がないと失敗したくない気持ちが強くなるので失敗した情報のほうが目に留まりやすく、失敗した情報を目にすると自分で考えずに簡単に信じてしまい、固定観念、先入観でしばられます。そして、それを「自分がやらない根拠」としてしまいます。

私は「失敗」を以下の2種類に分類しています。

1　積極的な失敗
うまくいくかわからないけどやってみよう、という前向きに捉えられる失敗。

2 消極的な失敗

やっておけばよかった、気づかなかった、●●になったら嫌だな、など後悔するにもかかわらず何度も繰り返してしまう失敗。

どちらも結果としては「失敗をした」ことに変わりはないのですが、大きな違いがあります。

「積極的な失敗」は繰り返すほどうまくいくようになって、知らぬ間に自信がついてくる「失敗」。かたや**「消極的な失敗」は、失敗すればするだけ自信が奪われて自己嫌悪に陥る「失敗」**です。

「消極的な失敗」は、あなたが変わっていくための対策がないため繰り返す傾向があります。何度も同じ消極的な失敗を繰り返すと自己嫌悪が強くなり、あなたの自信は崩壊していくことになるのです。

もし「消極的な失敗」を何度も繰り返してしまうのであれば、繰り返さない工夫が必要です。私が行った方法はとても簡単なので、ぜひやってみてください。

それは、スマホの待ち受けにする方法と、アラームを設定する方法です。

この方法を行うときの注意点があります。例えば、よくお財布を忘れてしまう人が「財布を忘れない」という文字を入れた画像で待ち受けを作ると、お財布を忘れるというネガティブなことが脳に徐々に刷り込まれてしまいます。ですから、「財布だけを写真にして待ち受けにする（文字なし）」・「出勤時や外出時間などにアラームをかける（アラーム＝財布を思い出せる）」とし、ネガティブな言葉を入れないように気をつけてください。

POINT

失敗することは当たり前。失敗を糧に練習をして自信が湧いてきます。根拠や確証ではなく、まずは積極的に行動をしましょう！

人に認められて何になるのか？

突然ですが、あなたは、こんなふうに思うことはありませんか？

褒められたい、お金持ちに見られたい、可愛いと言われたい、カッコいいと言われたい。このような「人に認められたいという」気持ちは誰もが持っている欲求です。ここで考えてほしいことは、第三者に褒められたり、評価されたり、カッコいいと言われたりさえすれば、自分はより良く変われるのか？　ということです。答えはＮｏです。

第三者による評価を基準にしてしまうと、同じ事柄なのに、褒められた時は良くて、褒められなかった時にはダメということになってしまいます。スゴイと言われた時には喜び、良くないと言われた時には落ち込みます。上司に、あなたの取り組みは素晴らしいと褒められたのに、翌日には「まあまあだったね」と前日とは違う

ことを言われたら、「昨日は褒められたのに、本当はもっと努力しなくてはいけなかったのか？　どっちなんだろう」と困惑してしまいます。

いつも他人の言うことを受け取っていたら、何が良くて何が良くないのか、「本当に大切なことは何か」が分からなくなります。このように、**他人の評価で自分のあり方を決めていると、自分というものがなくなり、他人の評価にいちいち振り回されてしまいます。**

他人に振り回されないためには、自分が決めた良い悪いを自分の基準とすることです。**自分の基準を持つためには、誰よりも、あなたがあなた自身を褒めて認めることです。あなたの努力を常に見続けられる人は、あなたしかいません。**あなた自身のことを認めることで、第三者の評価に頼ることなく、自分の中から自己肯定感を生み出し自信をつけます。自信を持てるようになればメンタルが安定し、物事をネガティブに捉えることもなくなり、無理やりポジティブになる必要もなくなるのです。

メンタルが安定していれば、常にフラットな状態で物事を捉えられます。他人の意見に振り回されなくなると、自分らしさが出て生き生きとしてきて、自分のカラーのようなものが少しずつ現れます。そのカラーはまさに、あなたの個性なのです。**自分の個性を自分で認めましょう。それが一流の自信持ちになる近道**だと私は思います。

POINT

自分の努力を見続けられるのは自分だけ。他人の意見に右往左往しないで、自分を認め、褒め、そして自ら自己肯定感を生み出しましょう。

今も昔も一流の人には賛否両論がつきもの

今の時代は、インターネットでツイッターやインスタグラムなどのＳＮＳを利用することから、一般の人も第三者から評価を受ける機会が増えています。私も、自社の商品を消費者がどう判断しているかの指標に、ＳＮＳを使うことがあります。その中には当然、肯定的な評価と否定的な評価、つまり賛否両論があります。

肯定的な評価をもらった時は問題ありません。お客様に喜んでもらえることは嬉しいですし、私のモチベーションも上がります。否定的な評価をもらった時は、いちいち振り回されないようにしています。

否定的な意見も一旦受け止めて、参考になり納得できるものであれば、それらを取り入れて、自分の考えを改めたり商品の改善をしたりすることがあります。

自信がなくて、否定的な意見に振り回されてしまうという人は、肯定的な意見だけを取り入れ、自信をつけていきましょう。**あなたを否定する人の評価に振り回されるのでなく、あなたを肯定し応援してくれる人を、大切にすることに突き進めばいい**のです。肯定的な意見のみを受け取りながら、少しずつ自信をつけていってください。自分の考えはぶれないと自信が持てるようになれば、否定的な意見も受け止めやすく、また取り入れて改善することもできるようになるでしょう。

極端な例かもしれませんが、総理大臣や大統領のような偉人でも、国民の100%から支持を得られるかというと、決してそうではなく、反対派も多くいます。周りにいる100人が100人とも、あなたに肯定的な評価をするなどあり得なくて、否定的な評価をする人がいて当たり前なのです。万人に好かれる必要はありません。また、否定もされないほど無味無臭なことのほうが、つまらないと思います。否定されることは勲章、くらいの認識を持つといいでしょう。事実、一流の人ほど、肯定的な評価だけではなく、否定的な評価も必ずついてきます。**最終的に、何が良いかを決めるのはあなた自身**です。否定的な意見があってもなくても、**あなたの良い**

と思うことを貫くことが、一流の自信持ちとして一番大切なことなのです。

POINT

100中100人全員、あなたに肯定的な評価を持つわけではありません。まずは肯定的な評価だけを受け取り、自信がついてきたら否定的な評価の納得できる部分を取り入れ、改善していきましょう。

なぜ、嫌われることがいけないのか？

人はそれぞれ、自分の考え方、価値観、感性、そして好みなどを持っています。なので、１００人全員に好かれようとすると、１００人それぞれの好みに合わせることになります。人に嫌われることがいけないという思いから、できるだけ多くの人に好かれるため、八方美人になろうとする人は多くいます。

あなたは、あなたの周りに１００人いれば、必ず１００人のことが好きですか？好きな人もいれば、嫌いな人もいますよね。同じように、**１００人中１００人全員があなたのことを好きだということも、ほぼあり得ない**のです。もしも、嫌われるのを怖れて他人に合わせていたら、自分の考え方や好みは、置き去りになってしまいます。他人に合わせているあなたは、本当のあなたではありません。**関係性をつなぎ止めたいという理由で、「良い人を演じる」必要もないのです。他人の好き嫌い**

に合わせるのではなく、あなたがあなたでいることが大切です。

考えてもみてください。私たちは、仕事、子供の世話、親の介護などがあり、自分のために使える時間は限られています。人生は有限です。自分が嫌いな人と付き合うことも、あなたのことを嫌いな人のために時間を割くこともしなくていいのです。**嫌いな人からは嫌われて結構。**それよりも、お互いに好きで気の合う仲間と一緒に過ごす時間を大切にしましょう。**誰と付き合うか、誰を大切にして、何をしているいることに価値を感じるか、優先順位をつけて**みてください。自分の基準でしっかりと判断をするようになれば、あなたも一流の自信持ちになれるでしょう。

POINT

八方美人になることも、良い人を演じる必要もありません。大切な人と一緒に楽しい時間を、あなたらしく過ごしましょう。

ナルシストとは悪いやつという幻から いい加減目を覚ませ

あなたは、ナルシストと言われる人のことを、どう思いますか？「自己愛におぼれている」とか、「自分を一番に考えているだけではないか」とか否定的に見ているのではないでしょうか。

自分のことが好きになれない人は、自分を愛するナルシストに劣等感を抱き、自分がナルシストになりたくてもなれないがために、ナルシストを嫌います。実は、**一流の自信持ちは、自分のことが好きで、ナルシストの側面を持っています。**そもそも「私は私でいい。そういう自分が好きだ」と思えなければ、自信は持てません。

あなたは、なぜ自分のことを好きになれないのでしょうか？ それは、自己愛に対してネガティブな感情を持っているからではないでしょうか。遠慮する日本文化の影響や、自分を好きになってはいけないという過去のトラウマが、そうさせてい

ます。ですが、誰かに遠慮して長所よりも短所に着目し、自分で自分の価値を下げる必要はありません。**自分のことを好きか嫌いかを決めるのは、自分自身しかいないのです。**

あなたに関するすべての答えを、あなたが握っています。だからこそ、自分の良いと思うところがあれば褒め、あなた自身を好きになってください。きっと自信が湧いてきますよ。今が無理なら、時期が来るのを待ちましょう。自分を好きになりたいと心から思えば、言葉だけでも「私は自分のことが好きだ」と口に出してみてください。何度も言葉を口にしていれば、あなた自身の中で「自分を好きな自分」が作られ、自信をつけていくことができるでしょう。

POINT

自己愛への遠慮やトラウマなどのネガティブな感情は捨て、「自分のことが好きな自分」へ一歩を踏み出しましょう。

なりたい自分になれているかだけを重要視する

人生の成功の基準を、お金と定める人もいれば、自由と定める人もいて、人によりさまざまな世界観を持っています。どんな基準であっても、**「なりたい自分に近づいているか」それが一番大切**です。一流の自信持ちは、あれもこれもと欲張ることなく、実はシンプルなほどに「なりたい自分」だけを重要視します。

なりたい自分に近づくためには、「一番大事にしたいことは何か？」を明確にすることです。自分が一番大事にしたいことを、本当に大事にしていれば、それがあなたにとっての幸せだからです。つまり**「私にとってこれが幸せ」と感じるものを手に入れることが、なりたい自分に近づくこと**です。「幸せ」とは「本音」の部分であり、親の意見や恋人の意見にも左右されず、何者にもさえぎられるものではありません。他人から見た「あの人は幸せ」ではなく、自分のことを「自分は幸せ」と心

から感じることです。

本音がわからない時は、「一番大事にしたいことは何か」を追求する【なんで？ワーク】をしてみましょう。「お金持ちであること」、「自由な時間」、または「家族との時間」など、人にはそれぞれ大事にしたいことがあります。あなたにとっての一番大事なことに対して、「なんで？」や「本当に？」を繰り返し聞いてみてください。

・なんでお金持ちであることが大事なのか？
・お金でいろいろ物を買えることは本当に大事なのか？
・欲しいものをお金で買えることは本当に幸せなのか？

このように質問を繰り返すことで、あなたにとっての幸せが何であるかが導き出されます。それが、あなたが一番大事にしたいことであり、あなたの「本音」です。

自分の幸せはこれだという本音にたどり着かなければ、一番大事にしたいものではない可能性が高いので、他に大事にしたいと思うことで、【なんで？　ワーク】をやってみてください。

【なんで？　ワーク】は、あなたがインタビューアーになり、あなた自身の心に相談できるツールです。**紙に書いて目に見えるようにすると**、はっきりと自分の世界観を認識することができます。一番大事にしていることは何か？　を明確にすることにより、なりたい自分へと近づいていくのです。

POINT

> **「なりたい自分」に近づくために、【なんで？　ワーク】により自分の一番大事なものを追求していきます。そうすることで、あなただけの本当の幸せが見つかります。**

「やっぱ、や～めた！」は大歓迎、自分に素直になろう

自信のない人は、最初に決め事をしっかり作り、そのルールに従って最後までやり通そうとします。ルールに従っていれば、道を誤ることも、途中で止まってしまうこともなく、安心だからです。一旦ルールを外れると、決められたこと以外の道を行くのは不安なので、最後までやり通す自信はなくなります。

ですが、**状況や環境が変化すれば、優先事項もその都度変わります。優先事項が変われば、最初に決められたルールどおりにいかないこともでてきますし、途中でストップせざるを得ないこともあります。**こんな場合、途中でやめてしまっても問題はありません。

優先事項とは、自分の中で「これが大切」と思う事柄です。それが変わることは、

何ら悪いことではないのです。不測の事態が起きることもあれば、動いてみると「やっぱり、こっちのほうが大切だった」というのが後から分かることもあります。時間の経過とともに考え方や視点が変わることもあるでしょう。そんな時は「やっぱ、や～めた！」は大歓迎です。

状況や優先事項が変わり、違和感を持ちながら続けていても、欲しい結果は得られません。それに**途中でやめることよりも、違和感を持ちながら続けていくことのほうが、よほどストレス**です。途中でやめて方向転換をし、**自分に素直に行動するほうが、良い結果を得られ、ストレスなく終えられます。**ベストな結果が得られれば、その分自信を積み重ねていくことができます。

POINT

最初に決めたことを最後までやり通さなくても、途中で変更ＯＫ！自分の心に素直に行動したほうが、ストレスなく望む結果を得られます。

一流の自信さえあればブレない

自信がない人は「これでいいのだろうか」と迷ったり、「前と言うことが変わってしまったけれど、変に思われないかな」と不安になったりすることが少なくありません。ですが、考え方は変わっても大丈夫です。時代がものすごいスピードで変化しているように、自分自身も変化します。社会の環境や自分が置かれている立場が変われば、考え方も変わるのは自然なことです。**「変化」しているということは、それまでの考えを「進化」させているということ**です。

いかなる時も**「自分はこれでいい」「自分はこういう考え方だ」という「自信」があれば、その考えはブレることはありません。**ブレなければ思考がポジティブになり、悩み事があってもリフレッシュしたり、そのための行動でもフットワークが軽くなります。すると悩み事やストレスをためず、さらにポジティブに……という好

循環が生まれます。

自信を持ちブレなければ、**他人の評価に惑わされたり、他人に嫌われることを気にしたりしないで、自分に素直に、自信を持って生きることができるのです。**

POINT

変わることは「進化」すること。周りに左右されず、進化しながら「自分はこれでいい」とポジティブに前進しましょう。

4章

あなたも自信持ちになる考え方

あなたも一流の自信を持つことが絶対にできる

一日の仕事の終わりに、楽しく一日が終わったと感じる人もいれば、むなしく一日が終わったと感じる人もいます。**仕事に対してのモチベーションやメンタルは、ポジティブに捉えるかネガティブに捉えるかで左右されます。**

物事をネガティブに捉えてしまうという人は、**ネガティブな捉え方を「捨てる」選択をしましょう。**自分の持っている何かを捨てるというのは、勇気がいることです。ただ、ネガティブな捉え方を捨てることができれば、当たり前ですが必ずポジティブな捉え方を手に入れることができるのです。そして、1か月も続けていれば、**勇気もいらず、ためらいもなく、ネガティブな捉え方を捨てて、ポジティブな捉え方を自然と選ぶようになります。**

「今」がネガティブを捨てる決断をする時です。その決断をすることで、あなたの行動や人間関係に変化の波が押し寄せるでしょう。不安や怖れが捨てる決断を鈍らせるかもしれません。変化する時は苦しみを伴います。ですが、それは通過点で一時的なものなので、過ぎれば必ずポジティブに変わるはずです。決断したら大胆にバッサリと捨てましょう。その先には、**捨てた以上に大きな幸せが入ってきます。**

人生に成功者がいるとすれば、自信を持てた人だと私は思います。あなたが一流の自信を手に入れたいのであれば、踏みとどまらずに一歩ずつ前進してください。ポジティブに前進して、あなたに訪れる変化を楽しみましょう。

POINT

ネガティブを捨てる決断をして、ポジティブに捉える習慣を1か月続けましょう。変化に伴う苦しみを通過した先に、幸せとみなぎる自信を手に入れることができます。

自信は脳を「勘違い」させることから始まる

これから話すことをあなたの身に起こったことだと想像しながら読んでみてください。

ある日、大事な予定があり約束の場所に向かっているとき、時間に遅れそうだったので、あなたは少し小走りで道を急ぎました。あともう少しで到着するかというときに、道で転んでしまいます。手に持っていたスマートフォンも道に落としてしまいました。おまけに膝を擦りむいてしまいます。さて、このときあなたはどう考えますか？

「こんなところで転んでしまった、恥ずかしい……」「急いでいるのにツイてない！」のように考えるのがネガティブな受け取り方です。「骨折しなくて、膝を擦りむく程度で助かった！」「スマートフォンが壊れてなくてよかった」などと考えるの

がポジティブな受け取り方です。

このように、なにか起こったときに使う言葉や捉え方を変えるだけでネガティブにもポジティブにもなります。起こった出来事は同じでも、自分の考え方で出来事がまったく違って見えるのがわかりますね。同様に出来事に対してポジティブな考え方をしていくことで、徐々に自信を手に入れることができるようになります。なぜなら、出来事をポジティブに捉えることで、「自分を否定しなくなる」からです。

自信を手に入れるためにまず始めて欲しいのは「脳」を勘違いさせることです。勘違いといっても無理に自己暗示をかけたりするものではありません。**言葉を置き換えるだけの「受け取り方の修正」で行える**のです。

これは今すぐ、誰でも気をつければできるようになる超手軽なトレーニング法です。自信のない時の受け取り方は通常ネガティブになってしまうことが多いのですが、「自信持ち」は共通してネガティブな要素をもポジティブに捉えるようにしています。この少しの差が非常に重要なのです。

ただし、ここで注意してほしいのは、**ポジティブ脳を作る一番重要な要素は素直**

であることです。

「今すぐできると書いてあったけど、それができなくて困っている」「なんでもかんでもポジティブにできるわけがない！」と否定的な人もいるかと思います。残念ながらこういうことを言っている人は「素直な人」ではありません。まずは素直に騙されたと思ってやってみてください。疑っていては、あなたが退化することはあっても進化することはないでしょう。

もし否定的にこの話を聞いているのであれば、きっと過去に「否定しなければいけなかった何か」が眠っていると思われます。その何かがわかるのであれば、その問題や悲しい過去に対して直視することをお勧めします。

人間は過去の経験から現在が作り出されていて、根底に眠っている問題を解決しない限り、その思考パターンによる行動を繰り返します。この過去のコンプレックスやトラウマなど、人生を左右した大きな出来事を見つめない限り、「脳を勘違い（受け取り方の修正）」させることが難しくなります。

あなたが何十年と自信がなくて困っていることがあれば、今すぐに「脳を勘違いさせる」というトレーニングを始めてみてください。そして、なかなかポジティブに考えられないときは、過去のコンプレックスやトラウマという出来事が、あなたの考え方を変えられない要因であることに気づいてください。小さな積み重ねのトレーニングであっても、人生の総合で見れば必ずプラスになっていきます。

昔、恩師から「今日苦しかったことは1年後には忘れていたり、笑い話になっているることがほとんどだよ」と教えられました。実際に、時間とともに「そんなことあったっけ?」「ああ、そういえばあったね」と笑い話になっています。

いつか忘れたり笑い話になるなら、苦しいと思う出来事が起こったまさにその時に、受け取り方を修正、つまり「脳を勘違い」させ、その時からポジティブに捉えて思考を変えてしまえば、もっと人生は明るく楽しくなると思いませんか?

まずは「脳を勘違い」させることから始めてください。きっとあなたの人生が自信に満ち溢れ始めます。

POINT

ひとつの出来事をネガティブではなく、ポジティブな受け取り方で考えてみる。それを継続することで自信が生まれてきます。できない場合は、否定してしまう自分の過去と向き合ってみましょう。

完璧な自信が欲しければ「自分を信じきること」から始めよう

人は日々、さまざまなことを考え、それらに対し判断を下しながらして生きています。その中には、自分自身への判断も多く含まれています。

この自分自身への判断というのがクセ者で、「私なんて……」「これでいいのか自信がない」「間違っていたらどうしよう……」とネガティブに自分自身を捉えてしまい、自信を持てなくなっていることもあると思います。しかし、**自分自身への評価基準が存在しているとすれば、その判断をしている人は誰でしょうか？　「自分（あなた）」しかいないことがわかるでしょう。**

例えば、世間の99%がAの意見を賞賛していて、あなたは1%しかないBの意見を支持しているとします。

もしあなたが、本当はBの意見を持っているのに、少数派意見だからといって無

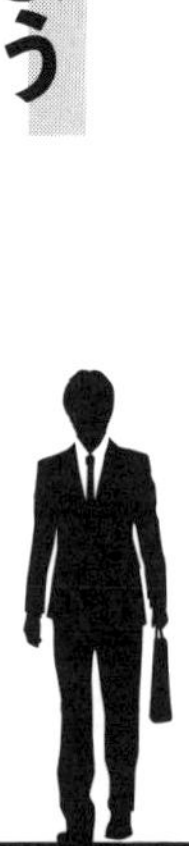

理やりAの意見に変えてしまったら、徐々にあなたにあったはずの自信は失われていきます。

なぜなら、本当はBなのに「人に変な目で見られたくない」「少数派意見を言うのが怖い」「自分なんかがBと言ったところで、所詮多い意見のほうが正しいと思われる」といった理由で、「本当はBだけれどAに変えてしまった」ことを誰よりも知っているのは、ほかでもない自分自身だからです。**「自分自身の判断」によって、本当の気持ちを封じ込めてしまったという出来事は、あなたの自信を失わせてしまう**ことになります。

しかし「本当の気持ちを封じ込めてしまう人生は本当に楽しいの？」と私は思います。いつも人の顔色をうかがい、人の意見を聞いてからでないと自分の意見を言えず、「私なんて……」という気持ちを大きく膨らませていくだけではないでしょうか？

ただ、みんながAと言っているのに自分だけがBを主張し物事が決まらなくなる……といったような場面では、折れてAにする、ということもあるでしょう。社会生活ではこういった最低限の協調性は必要だと思います。

たとえ人がどう言おうと、どう思おうと、**自分が自分の判断基準において判断したことを信じて発言したり、行動したりすることが「自分を信じ切る」こと**で、自分を信じ切れるようになれば、完璧な自信を持てるようになります。

「そうしたいと思っても、自分の発言や行動がいわゆるモラルに反することにならないか心配です」という人もいるでしょう。

モラルとは、「倫理」「道徳」という意味を持ち、どんな時代にも世代にも共通する「善悪を判断する基準」と考えてもらえるとわかりやすいかと思います。例えば、「公正な取引を行う」「公序良俗に反さない考え方」「良心による個人の決断、判断」などです。**最低限のモラルの定義は、「迷惑をかけない」「他人の権利を奪わない」という、この2つくらいでしょう。**

もちろん人によりたくさんのモラルの基準は出てくると思いますが、項目を増やせば増やすほど複雑になり自由な意思決定ができなくなってきます。「自分に課す決まりごとは少ないに越したことはない」のです。ひとつだけアドバイスさせてもらうなら**「過剰なモラルに押しつぶされる必要はない」**ということです。**モラルの基準はあなたが決めればいいのです。あなたの人生ではあなた基準がモラルです。**

あなたにはあなたにしかできないことが必ず眠っていて、これまでに培ってきた経験をポジティブに活かせれば人生はいくらでも好転させることができます。反面、過去をネガティブに捉えていたら、いくらでも人生を暗転させてしまいます。

自分を信じ切ること、それは他の誰でもない、あなたしかできないことです。

POINT

まずは自分を信じきることから始めましょう。それが1%の賛同でも自分の自信は強くなるはずです。どんな状況でもポジティブな思考は自分の人生の武器になります。

すべての物事を一個人として見つめる

人が生きていく社会の最小単位、それは家族です。つまり**家族は、一個人の集合体で形成されているひとつの社会**ということ。社会の中で生きる人は皆、ひとりの人であり「一個人」です。それは、母親であっても父親であっても、そして子供であっても同じで、それぞれが社会の「一個人」ということになります。

そして**家族であっても「依存しない」こと、つまり精神的、経済的、社会的な自立をしていることがとても重要**です。

依存していると、家族に対しての要求が高くなります。「家族だからやって当たり前」「家族だから一緒でしょ」と感覚のズレを生んでしまいます。すると、「なぜ同じ家族なのに感覚が合わないのか?」と悩んでしまいます。

人はそれぞれ自分の価値観を持っています。幼い頃は親の価値観を自分の価値観

としています。**大人になるにつれ、経験を積みながら他人の考え方や価値観を取り入れ、自分なりの「一個人」としての価値観を形成していくのです。そのプロセスで「自信」も積み重ねていきます。**

家族であっても、「家族は一個人の集合体」という概念を持つことによって、依存度は非常に低くなってきます。

精神的な自立をした後は、経済的、社会的な自立があります。この3段階の自立が揃えば揃うほど、一個人としての感覚を持てるようになっていきます。

もしあなたが自立をしていないのであれば、どうすれば自立ができるかを考えていくことにより、徐々に家族に対して自信が持てるようになってくるはずです。

POINT

家族でも「やって当たり前」とは思わないこと。もしも家族に依存しているなら、まずはどうすれば自立できるかを考えましょう。精神的な自立が自信への第一歩です。

他人と比較しない

自信のない人は、他人と比較をして、自分のほうが劣っているところに着目し、「自分はできない」と劣等感を持ちます。そして人格そのものも「自分はダメな人」と自分で自分を追い込んでしまいます。ステップアップをしても、さらに上の人と比較してしまうので、いつまでも自分はできないままの状態でいることになります。

大切なのは、他人との比較ではなく「あなたは何者?」というところです。あなた自身は、何が好きで、何に一生懸命で、どんな経験をしてきたか。それらは他人と比較することではなく、あなた自身のことです。一生懸命やってきたことがあるのに「あの人のほうが上手だから」と比べてしまうと、一生懸命やってきたことを、自分で認めることができません。

自分のことを認めるために、「自分は、どういう人なのか」を自分に聞く【なんで？　ワーク】をやります。【なんで？　ワーク】は必ず紙に書きましょう。「あなたは、どういう人ですか？」という質問に対し「怒りっぽい人です」、「いい人と言われます」、そして「自信がない」と3つの答えが出たとします。次に「怒りっぽいとはどういう人ですか？」のように答えをさらに掘り下げていきます。5回ほど質問を繰り返し掘り下げることで、「自分とはどういう人なのか」が見えてきます。「いい人と言われます」と「自信がない」も、同様にそれぞれ質問を繰り返し、どういう人かを掘り下げていきます。

紙に書かれていることを、眺めてください。頭の中だけで考えていては気が付かないことでも、言葉にして自分の目で見えるようにすると、自分というものをはっきりと受け止め、認めることができます。**他人と比較をする前に、まず自分のことを知っておきましょう。そうすれば、他人と比較をする必要などないことが、おわかりいただけます。**

【なんで？　ワーク】により導き出される答えは、あなた自身のことです。答えのひとつひとつを認め、積み重ねるごとに、自信がどんどん湧いて、あふれ出てくるでしょう。

POINT

他人と比べていては、いつまでも「自分はできない」ままです。「あなたは何者？」を、紙に書いて見える化し、「自分はできる」と認めていきましょう。

事実なのかイメージなのかで意識を差別化する

人は「事実」と「イメージ」を混同してしまうことがありますが、この二つは似て非なるものです。例えば、「1か月の給料が25万円」というのは事実で、「将来、このままではお金が足りなくなる」というのはイメージです。

もう、おわかりのように、**「事実」はそこに在るもの（こと）で、「イメージ」は人の思い、捉え方、考え、そして未来への憶測**です。将来お金が足りなくなるかどうかは誰にも分かりませんし、感じ方もちがいます。

自分が抱くイメージは、ついネガティブな方向へ向きやすくなります。そのため、イメージばかりが先行して、自信を失くしてしまうのです。自信のない人は、将来このままではお金が足りなくなる、このままではダメだ、というふうに無意識にイメージ膨らませて不安になります。

ですが、よく考えてみてください。将来のことは、まだ影も形もありません。何も起きていない未来のことに不安になったり、ましてや何も起きてもいないのに自信を失くしたりする必要はありません。

不安になると「私には無理」という発想になり、自分を追い詰めてしまいます。**頭に不安なことが思い浮かんだら、それは「事実」なのか「イメージ」なのかを、まずは分けます。**イメージであれば、まだ起きていないことは思い込みにすぎません。「できていない」のではなく「まだやっていない」だけなのです。そして、それをやる必要がなければ、何もしなくても大丈夫。やる必要があれば、1つずつ行動に移していくことができます。

POINT

未来のことが不安になったら、それは「イメージ」にすぎません。やる必要のあることを一つずつ行動に移して、成功体験を積み重ねていきましょう。

今の良し悪しだけで判断しない

私たちはつい、目の前の出来事や結果だけで、物事の良い悪いを判断してしまいます。**目に見えている出来事や結果は氷山の一角であり、水面下の目に見えない大きな部分に物事の本質が隠れています。**目に見える部分だけで良し悪しを判断しているとすれば、それを支える本質を見ないのは、もったいないことだと思いませんか？

登山に例えると、山頂にたどり着いたのは「見えている結果」。もちろん素晴らしいことですが、そこに至るまでの日々の訓練、細かく周到な準備、行きつ戻りつの山道など、プロセスは数えきれないほどあったはずです。その長いプロセスこそが、登頂を成功へと導いた本質と言えるでしょう。

あなたは上司に叱られて、とても腹の立つ経験をしたことはありますか？　その時は、なぜ自分が？　というやるせない思いで、腹立たしく、また落ち込んだのではないでしょうか。しかし、それも年月を経て自分が部下を指導する立場になってみると、「なるほど、そういうことだったのか」と当時の上司の気持ちが分かるようになります。それは、あなたも「プロセス」を経験してきているからです。

私は子育てを通じて、子供の頃に親から叱られた内容が痛いほど分かるようになりました。子供の頃は、叱られたことが理解できなくて困惑したり反発したりしていました。それも今になるとよく理解できるので、親に言われたことをなぞるように、子供を叱ることがあります。

このように、**物事の本質が詰まっているプロセスというのは、そのタイミングではわからなくても、後になってわかる**もの。いかに物事は、長い目で見ることが大切かということです。

目の前の出来事や結果だけで良し悪しを判断したり一喜一憂したりするのではな

く、時間をかけて中身の本質を知ろうとすることが、動じない心をつくり、一流の自信持ちになる近道なのです。

POINT

物事の本質は、結果だけを見ても分かりません。見えないところや、それまでのプロセスにあるからです。ネガティブな出来事が起きても、「本質」を知れば、自信を失うことはないのです。

固定観念を疑う

女性は結婚すれば家庭に入り、男性は外で働く。昭和のはじめは、それが普通でした。平成、そして令和の時代、いまだにこの価値観を持っている人はわずかでしょうし、そんなの古いとさえ言われるかもしれません。それが悪いと言っているのではなく、このような**「当たり前」や「普通」は、多様な価値観の現代には、あってないようなもの**なのです。

当たり前や普通は、時代とともに変わりますし、また個人によっても異なります。ある人にとって普通なことも、違う人にとってみれば、普通ではないことが多々あります。なぜなら、人はそれぞれ自分の価値観を持っているからです。

もしも、あなたが「世間ではこう言われているから」「これが普通だから、できて

いない自分はダメ」と思うなら、それはあなたの固定観念、思い込みにすぎません。

ある人は「朝食を必ず食べる」のが当たり前。理由は「1日3食食べるべきだと親に教えられたから」「それが健康にいいと思うから」です。また別の人は「朝食はいつも食べない」のが当たり前。理由は「朝はお腹がすかない」「食べないほうが調子がいい」からです。

このように「普通」「当たり前」の基準は、その人自身の持っている基準であり、**他人が決めることではない**ということがお分かりいただけるでしょう。


「このくらいやっていないと、世間体があって恥ずかしい」という理由で、「やるのが当たり前」「やらなくてはいけない」と思っていることは、本当にそうなのかを疑ってみましょう。そのために第3章でご紹介した【なんで？　ワーク】により理由を掘り下げてみてください。

そうすると、出てくる理由は、世間で言われているから、ということに気がつくでしょう。「できない」と思い込んで自信を失っていたことが、世間で言われているという理由なら、実は、やる必要のないことだったのです。世間の普通とあなたの普通は別個のものだからです。
あなたの普通や当たり前は、自信を持って、あなたの価値観で決めていいものなのです。

POINT

「普通」や「当たり前」の基準は、人それぞれ。世間で言われる「できて当たり前」に振り回されず、自分の普通は自分で決めましょう。

自分の思考パターンを理解する

私たちは、大体同じ思考パターンで行動しています。成功するのも同じパターン、失敗するのも同じパターンです。**自分の失敗のパターンを理解することで、そのパターンを変えていけば、同じ失敗は繰り返さなくなります。**

例えば、スマートフォンがどこに置いたのか分からなくなり、家じゅうを一日に何度も探すことはありませんか？　それはなぜでしょうか。そういう思考パターンになっているからです。そこで、一連の行動を紙に書きます。スマートフォンの動きと、あなたの思考をトレースすることができ、スマートフォンをどこに置いたのか分からなくなる思考と行動のプロセスが、一目瞭然となるわけです。

「そんなことは分かっている」と思われるかもしれません。なぜ同じ失敗が繰り返

されるかというと、頭の中だけで理解するのは「分かった」にとどまり、「できる」までには至りません。紙に書いて「見える化」することで、物事を客観的に俯瞰（全体を見渡す）できるようになり、そのとき始めて「できる」ようになります。原因の部分の思考パターンを変えるだけで、スマートフォンをどこに置いたのか分からなくて家じゅうを探すことはなくなります。

思考パターンは数学の公式のようなものです。まちがった公式を正しくするだけで、あなたの失敗の確率はかなり減ります。そして失敗によりあなたの自信が奪われることもなくなっていきます。

POINT

成功にも失敗にも「パターン」があります。失敗した時は紙に書いて、思考と行動のパターンを「見える化」しましょう。パターン＝数学の公式の間違いを正しくするだけで、結果が変わってきます。

考える必要のないことは捨てる選択をする

電車で席を譲ろうとしたとき「断られたらどうしよう」、勉強を始めようとしたとき「今度の検定で落ちたらどうしよう」。こんなふうにイメージばかりが先行すると、行動することを恐れてしまいます。そして**行動できないままでいると「できなかった」という自分に自信を失くすことになるので、最初からイメージは捨てて、行動することを選択**します。そして一つずつ行動を増やし、「できた」という小さな自信を積み重ねていきましょう。

POINT

未来へのイメージばかりが先行すれば、不安になり行動を起こすことを恐れてしまいます。「できない」と自信を失くす前に、未来のことを考えることは捨て、行動することを選択しましょう。

自分が正しいと思うことが正解という考え方に利他の精神を付け足す

ここまで読まれて、あなたは一流の自信持ちになれそうだと思いましたか？　まだまだだというかたは、本書を読み返し、ひとつずつ実践していってください。「一流とまでは言えないが自信はある」という方は、「利他」の精神を取り入れることをおすすめします。

「利他」の精神とは、文字どおり「他人に利益を与える」ことです。ただし、そこに見返りは求めません。相手が喜ぶことをひたすら提供することになります。この人が喜んでくれることは何だろう、どんなことがこの人の役に立つのだろう、そんなふうに思いを巡らすことが、利他の精神への第一歩となります。相手が喜んでくれると、自分も嬉しいですよね。あなたが相手に見返りを求めず与えることで、相手は喜んでくれて、あなたを信頼してくれます。

人の役に立つ、信頼してもらえるというのは、人としての一番の喜びであり、あなたを一流の自信持ちに導いてくれるでしょう。

他人に利益を与えるときは、自分の利益からあふれた部分をお裾分けするイメージだと与えやすくなります。

私の場合は会社の経営利益が目標値を超えたら、その超えた分を社外貢献に使うと決めています。最初から大きなことをしようとするのではなく、ほんの小さなことでも、相手に喜んでもらいたい気持ちがあれば、その気持ちは言葉に出さなくとも通じるものです。小さなことであっても、ゼロとイチは大きく違いますし、あなたが小さいと思っていることでも、与えられた相手は大いに喜ばれるのではないでしょうか。

こういう時は逆の立場になって考えるとよく分かります。あなたが他人からちょっとしたプレゼント、物ではなくても役に立つ情報でももらったら、それだけ嬉しいですよね。相手も同じなのです。

自信のない人は、相手が喜んでくれるだろうかと不安になり、もっともっとと提供過多になる傾向があります。そうなると疲弊してしまうので、自分のできる範囲を見定め、その範囲内で与えるようにしましょう。

利他の精神は目に見える効果ではなく、喜びや信頼など目に見えない部分で大きな成果を発揮します。**利他の精神を持ち、誰かのために役に立てないかという思いを持ち行動することで、人生は大きく回っていきます。**

あなたの普通はあなたが決めてよく、そして日常生活であればすべてが自由であるということも忘れないでください。

POINT

自信が持てたら、「利他の精神」で行動しましょう。誰かの役に立ち、信頼してもらえることで、喜びで満ちあふれた人生を送ることができます。

5章

あなたも
自信持ちになる行動

自分を愛し、信じることが一流の自信の根源

自分には実績などないから、自分で自分のことを認めることができないという人がいます。自分には良いところがないから、自信が持てないという人もいます。本当にそうなのでしょうか？　あなたが生まれた時に「おめでとう」と言って、お祝いをしてくれた人がいます。あなたが存在するだけで、喜んでくれた人がいます。これらはすべて事実です。

一流の自信持ちは、現在・過去・未来の自分のすべての自信になる要素を取り入れています。たとえ失敗したり負けたりした時でも、それらの自信になる要素をどれか取り入れ、自分の中で消化します。失敗や敗北は、通過点でしかないということでしょう。

未来は自分で作ることができます。「私にはできない」「私には誇れるものがない」と自分の未来までも、可能性を否定することはありません。

あなたの過去にも、あなたが歩き始めたことを感激してくれた人、小学校へ入学した時に喜んでくれた人、社会人になったことを誇らしく思ってくれた人がいます。

確かにあった過去の事実は、あなたの自信の源となります。

事実に目をむけることで、自分を愛し、自分を信じて、一流の自信を身につけていってください。

POINT

過去の事実の中に自信となる要素が必ずあります。それらを取り入れ、自分を信じて未来を作っていってください。

自分を大切にする

一日のんびりと過ごしたり、お気に入りのカフェで大好きなケーキを食べたりすると、身体も心もリフレッシュされます。好きなスポーツに汗を流したり、郊外の自然豊かな場所にドライブに出かけたりすると、気分がスッキリします。あなたは、このような身体と心のメンテナンスをしていますか？

自分が喜ぶことや自分が嬉しいことにお金と時間を使うことは、自分自身を大切にすることです。「のんびり過ごすなんて、贅沢な時間の使い方だ。そんな余裕はない」と思われるかもしれませんが、その「余裕」が自信を生み出します。なので、あえて贅沢な時間の使い方をして、身体と心に余裕を持たせましょう。

一流の自信持ちは皆、自分を大切にします。自分のメンテナンスの時間を必ず取

っています。自分を大切にできない人は、周りも大切にできません。ですから、まずは自分自身を大切にすることから始めてください。

もし、あなたが贅沢な時間の過ごし方はできないと思う時は、あなたの身の丈に合ったことをしてみます。例えば、リビングのソファに座ってヒーリング音楽を聴きながら過ごす。朝から散歩をして健康的な朝食を摂って身体を喜ばせる。こんなふうに時間やお金をかけなくても、心と身体が喜ぶことはたくさんあります。

自分がハッピーだな、嬉しいなと感じる時間を取り、習慣にしましょう。ためらいなく自分を大切にする時間を持つことが習慣になれば、その時はあなたも一流の自信持ちになっているでしょう。

POINT

心と身体が喜ぶ「贅沢な時間」を過ごし、心に余裕をつくりましょう。身の丈に合ったことでOK。自信を持つには、「自分を大切にする」ことです。

やりたいことばかりできる環境を作る

自信のない人は「いつかやりたいんだけどね」「今はまだできないんだけどね」が口癖です。私は、「いつかやりたい」「まだできない」を口にしている人が、やりたいことを実現したのを見たことがありません。**本当は「今」この瞬間からできることがある**のに、家族が賛成してくれない、職場がそういう雰囲気ではないなどの環境を理由に、一歩踏み出せないでいるのではないでしょうか。

環境を変えたいなら、まずは自分から変わることです。ほんの少しの行動で、環境は変えられます。例えば、あなたは毎日の読書を習慣にしたいとします。いきなり毎日30分の時間を確保することは難しいかもしれませんが、10分なら可能な範囲でしょう。10分の読書習慣であれば、ハードルはグッと低くなり、最初の一歩を踏み出しやすくなります。

行動する時のポイントは、自分が本当にやりたいことを選ぶこと。できそうなことを10分にあてはめるのではなく、やりたいことを10分でやるのです。

自分のための時間を10分だけ確保することに、家族や周りの友人同僚への影響はありません。環境が整えば、あとはあなたが行動を続けるだけです。習慣化すれば、こっちのものですね。

あなたが少しずつ行動すれば、環境は後からついてきます。「いつかやりたい」と言い続けたまま、できないことへのストレスはなくなります。やりたいことを現実にすれば、もちろん自信が湧いてきます。最初の一歩は勇気がいるかもしれませんが、その小さな一歩を踏み出せば、あなたの人生は大きく変わり、確かな自信を手に入れることができるのです。

POINT

環境を変えるのは自分。本当にやりたいことを、できることから、できる範囲で始めてみましょう。

すべてを完璧にするのではなく、小さな1点に着目する

自信のない人たちには、必ずと言っていいほど共通点があります。それは、**すべてを完璧にしようとするマインド**です。何かをしようとする時、常に完璧をめざし、完璧でなければ自分にOKを出しません。すると、9割できたとしても、「自分はできない」になってしまい、自信をなくしてしまいます。ですが、考えてもみてください。9割はできているのです。**完璧にやろうとすると、「できない」ことのほうに重きをおき、「できた」ことを自分で認めようとはしません。**これでは、すべてのことを完璧にしないと、いつまでも「できた」にはならないのです。

「できた」と自分にOKを出すためには、**細かいこと1点に着目**しましょう。どういうことかと言うと、ゴールまで5ステップあるとすると、1ステップずつ「できた」を明確にします。1ステップ目まで行き、5ステップ目までできていないから

といって、「まだまだだ」と考えるのではなく、1ステップ目ができているのだから「できた」と一旦OKを出します。そのうえで、次に進みます。このように**ひとつずつ順序を踏めば、徐々に自信というものが湧いてきます。**

ひとつひとつできることをやる。これがとても重要です。そして**「できた」ことを明確にして、「できた」ことが積み重なっていることを確認**してください。

1ステップずつ進むという地道な努力は、必ずやあなたに自信をもたらしてくれます。何事もいきなり完璧までひと足飛びというわけにはいきません。ステップを重ねるたびに、あなたの能力や経験も積み重なり、自信がどんどん湧いてくるでしょう。

POINT

やることは箇条書きにし、「できた」ことはチェックを入れ、都度確認します。「できた」の地道な努力が重なり、大きな自信になるでしょう。

あれもこれもと混乱したら紙に書いて情報整理をする

これまで【なんで？　ワーク】と「思考パターンを理解する」では、「紙に書きましょう」とお伝えしてきました。**思い込みの理由に気づいたり、思考を整理したりするためには、紙に書くことがとても有効**です。紙に書くことで「見える化」され、物事を客観的に俯瞰（全体を見渡す）することができるからです。

紙に書いて改めて眺めると、「とても大きな問題で、もう解決できない」と思っていたことが、「想像していたものではなかった」と認識が変わったりすることがあります。悩みを頭の中だけで考えてネガティブなイメージをふくらませているよりは、紙に書いて「見える化」しましょう。いくつも問題があるときは、次のステップで整理します。

STEP1：問題をひとつずつ箇条書きにする。

・〇〇の悩み
・〇〇が不安
・〇〇のことをいつも考えている

STEP2：STEP1で書いたひとつひとつの問題に、優先順位ABC3段階のランク分けをする。

・A……今すぐ取り掛かること
・B……Aが終わってから取り掛かること
・C……考えなくていいこと

箇条書きにすると、それまで頭の中で「あれもこれも」と考えて混乱していたものが、ひとつずつ「単独」で考えることができるようになります。優先順位の高いAを付けたものからひとつずつ消化していきます。自信のない人はすべてAになってしまうことがあるので、もしもそうなれば、どれかひとつだけを決めてください。他のことは「捨てる」選択をしましょう。

私の経験から、「A：B：C＝1：3：6」の割合になります。Aは全体の1割にすぎず、実はAが解決すれば、BもCも連鎖的に解決することがほとんどです。本当に解決しなくてはいけないのは、Aだけだったということになりますね。これは、紙に書いて、ひとつひとつの優先順位を「見える化」したからこそ、分かったことです。

悩んだときには、紙に書いて「見える化」し、一つずつ問題を解決することで、一流の自信持ちへの階段を上がっていくことでしょう。

POINT

問題が多くて混乱するときは、紙に書いて優先順位をつけます。重要度の高い1割を解決すれば、残り9割は連鎖的に解決するのです。

忙しい日常に非日常的な時間を作る

あなたは、日々過ぎていく忙しい日常に、非日常的な時間を意識的に持っていますか？　意識的に持つとは、わざわざ、そのために時間を割くことです。非日常的な時間とは、文字どおり「普段とは違う過ごし方をする」時間のこと。私がおすすめしているのは、次の2つです。

・高級なホテルでモーニングを食べる。
・普段仕事をしている日に休んで、マッサージや銭湯などでリラックスする。

高級なホテルには普段から行きませんし、旅行でも行かない限り、朝食は家で食べるのが普通ですね。「高級なホテルでモーニング」というのは、非日常の時間がいっぱい詰まっています。

休日にマッサージやスーパー銭湯に行き、身体を休める人は多いと思いますが、あえて普段は仕事をしている日に休んで行くところがポイントです。土日が休みの方は、平日に行ってみてください。行くのを平日にするだけで、休日とは違った景色が見られます。**いつもと違う場所での高揚感を楽しんだり、心身ともにリラックスしたりして、心機一転、頑張ろうという気持ちになれるのです。**

非日常の時間を持つことで心がリフレッシュされ、大らかで開放的になり、あなたは自信に満ちあふれるようになるでしょう。

POINT

普段とは違うタイミングと場所で、普通はやらないような行動をしてみる。そんな「非日常」により、心をリセットして視野を広げましょう。

ネット情報を断捨離する

現代では何か困った時は「人に聞く」よりも「ネットで調べる」ことが主流になっています。私も電車に乗っている時や待ち時間などは無意識にネットで調べごとをしてしまいます。それほどまでに、1日24時間の中でネットを見ている時間というのは思っている以上に多いものです。

しかし、このように**情報を集めることが簡単になったおかげで「情報がありすぎて自信をなくす」という現象がよく起きています。膨大な情報に目移りしてしまい「何が必要で何がいらないか?」という情報の取捨選択ができなくなっていく**のです。

これについては、1章「やめる・捨てる・変わる勇気を持つことからすべては始まる」や、3章の「根拠を求めれば自信は崩壊する」でネット情報がもたらす自信への影響について述べていますが、要するに「情報がありすぎて自信をなくす」というのは、

1　ネット情報は意図的に作られていることが多いが、見ているほうは気づいていない
2　想像を膨らませすぎて、事実はどこにあるのか？　を見れていない
3　想像の世界で苦しみ、達成もできず、承認もできないので、苦しくなる

といったことから起こります。

例えばよくネットでよく見る「○○の症状にはこの○○」といった謳い文句。これらはすべてではありませんが、情報発信者が意図的に作っていることが多くあります。なぜなら、「この○○」の○○を購入してもらうため、といった目的があるからです。

こういった意図的に作られたものを見て、「○○の症状って○○が原因なんだ、私も気をつけないと……」とこれまで自分がやってきたことに疑問を感じるようになり、不安が煽られると、どんどん想像を膨らませていくようになります。あくまで想像なので、悩んだとしても解消するまでに至らず、それでいいと認めることもで

きないので、それまで気にもしていなかったことが悩みとなって日々自分を苦しめることになってしまうことがよくあります。

実際、私のところに来られる患者さんの中にもそのような方が多くいらっしゃいます。「ストレスのせい」とネットで見れば、日常の中にある今まで気にもしていなかったようなことまで「あれもストレスだったんだ」と拾い上げ、いつの間にか自分をストレスだらけにしてしまうのです。

そうして、もともとはそんなに気にしていなかったことを毎日気にするようになり、私の元へ来られるのですが、専門家の私から言えば「本人が思うほどの症状ではない」ということも多くあります。

ネットの膨大な情報に目移りし、情報の取捨選択ができなくなり、自信がなくなっていく……。こんな時は情報を得ることから離れてください。

残念ながら情報はたくさん集めても扱いきれないことがほとんどです。例えるなら、冷蔵庫がパンパンな状態なのにスーパーに買い物に行くのと同じです。せっかく買ってきても食材は冷蔵庫に入りきりません。情報もこれと同じです。

だから情報の断捨離ができない時こそ、情報収拾はやめましょう。1章でも述べたように、情報の足し算ではなくて、情報の引き算をするのをおすすめします。

POINT

ネットの情報は魅力的なことが溢れています。だからこそどれが正しいかわからなくなります。そんな時は情報を断捨離する勇気を持ちましょう。

過去を振り返り受け止める

「今」は、あなたが生きてきた過去で作られ、過去の積み重ねの上に成り立っています。**今あなたが思っていることや口にした言葉などは、すべて過去の人生から作られている**のです。ですから過去の体験をもとに、物事の判断基準は作られます。過去に経験したことは、今も受け入れやすく、経験のないことは受け入れがたいものです。

今の判断基準は、過去のある時点のままで、新しい考え方や価値観を取り入れていないことがあります。この場合、自分の基準をアップデートするために、過去を振り返り、良かったことはそのまま受け入れ、反省すべきことは前向きに捉えて改善していきます。

もしも過去の改善ポイントをそのままにしておくと、悩みやコンプレックスが残

り、自信の足かせとなります。**過去から持ち続けている悩みやコンプレックスがあれば、それを改善するのは「今」がチャンス**です。過去を受け止め前向きに改善できる人は、一流の自信を手に入れることができるのです。

POINT

過去を振り返り、悩みを前向きに「改善」することで、自分の基準をアップデートします。そうすれば過去の悩みやコンプレックスから解放されます。

勘違いや固定観念を是正する

「なぜ、そう考えるのですか？」と理由を聞かれた時に、「世間一般で言われていることだから」、または「みんなそう考えるから」と答えることはありませんか？その答えには、根拠がなく、理由としては説得力を持ちません。このような答えを、私は「勘違い」や「固定観念」と呼んでいます。**勘違いや固定観念を持つ理由は、自分の考えと、世間一般で言われていることを混同させてしまうから**です。世間一般で言われていることを、思っていないのに自分の考えに取り入れようとして、思い込みの「固定観念」が作られます。また、それが自分の考えだと「勘違い」してしまうのです。

なぜこのようなことが起きるかというと、世間一般で言われていることを答えにすれば、多くの人に認められると考えているからではないでしょうか。**ですが、万**

人に好かれなくても、あなたを認めてくれる人は必ず存在します。ＳＮＳでネガティブな投稿をしてみると、共感してくれる人は必ずいることに気づくでしょう。

それならば、**わざわざ世間一般で言われていることを、思ってもいないのに自分の基準に取り入れる必要はない**のです。もしも固定観念や勘違いがあれば、それを是正して、本当の自分の基準にすることが大切です。固定観念を持ったままバージョンアップしても、それはあなたの基準ではなく、世間の基準が含まれたものになってしまいます。

一流の自信を持った人は、世間や他者に影響されることなく、揺るがぬ自分の基準を持っています。そして、時代の移り変わり、新しい経験、立場が変わることなどにより、自分の考えも変わり、基準は新しいものにアップデートされます。そのプロセスにおいても、世間一般に言われていることは、関係ありません。あくまでも**自分の基準を自分の考えでもって、アップデートしていきます。**

まずは、今のあなたの基準にもしも固定観念や勘違いが含まれているなら、それを取り除き、本当の自分の基準を取り戻しましょう。そうすれば自信が持てます。自分の基準をアップデートすることにより、さらに自信に満ちあふれることでしょう。

POINT

世間一般で言われていることを取り込んで、「自分の基準」と勘違いしていませんか？　まずは、「本来の自分の基準」を取り戻し、そこからアップデートしていきましょう。

第三者と争わない

人生は勝ち負けで決まるものではありません。**あなたがどのような人生を生きるかで決まります。**競争に勝ったから良い人生であるとか、負けたから面白くない人生であるとか、人生を勝つか負けるかの尺度ではかっていたら、ずっと争わなくてはいけなくなります。争い続けることは、疲弊しか生みません。

第三者とは、人だけではなく、物の場合もあります。他人がブランドもののバッグや時計を持っているのを見て、自分にはないことを負けだと感じる人がいます。負けだと感じることで、自信をなくしているのです。

私は、**競争ではなく、「共存」をおすすめ**します。ここで言う共存とは、単なる共に存在するという意味に加えて、人は人、自分は自分というふうに、他社と自分は、

共に居ながらも、別々の人格であるという意味です。

他人の良いところを見て、それに勝とうとするのではなく、同じようにあなたには、あなたの良いところが必ずあります。そんなあなたを自分で認めることができれば、勝ち負けをつけるのではなく、他者との共存を選択するでしょう。**共存とは、お互いに認め合い、尊重し合って生きること**です。競争しなくなり、相手も自分のことも尊重してくれるので、自信は自ずと湧いてくるでしょう。

POINT

人は誰しもそれぞれ、良いところを持っています。自信は、人に勝って得られるものではなく、人と尊重し合って湧いてくるものです。

他者を褒める

「褒める」という言葉に、どんなイメージを持っていますか？　褒めると、相手はたるむのではないか、いい気になるのではないか、慢心するのではないか。このように「褒める」ことに、ネガティブなイメージを持っているかたもいらっしゃいます。

私は、スタッフや後輩を指導する立場にあり、彼らが褒められて慢心するケースも見てきました。同時に「褒めて伸ばす」経験もたくさんしてきました。飴とムチをバランスよく使うというやり方もありますが、実際には**「褒める」ほうが、お互いに気持ち良く過ごせることが多い**ようです。

ポジティブな言葉をかけられると、嬉しくなり幸せな気分になります。これまで

あなたが経験した、他人にしてもらった嬉しいことを、今度はあなたが誰かにしてみてください。お互いに気持ち良く過ごせて、あなた自身のエネルギーも高まります。

一流の自信持ちに共通していることは「お世辞を言わない」ということ。お世辞とは「心からではない相手への褒め言葉」であり、本心ではないので、嘘をついたというネガティブな要素を自分の中に入れたくないからです。なので、必ず**「本音」で褒めることが大切**です。そのためには相手の良いところを探すようにします。どうしても良いところが見つからなければ、小さな「具体的」な良いところを探すようにしましょう。例えば、「可愛い」ところはどこかと探すと、「えくぼが愛らしい」や「笑った時の目が素敵だ」というふうに、具体的に褒めるところが見つかります。

人を褒めることにより、幸せホルモンであるセロトニンの分泌が多くなります。他人を褒めるポジティブな言葉を使い続けることにより、あなたの日常生活のストレスや不安などのネガティブなものも取り払われていきます。

他人を褒める言葉は自分にも聞こえているので、脳にインプットされます。褒められることだけが自信につながるのではなく、他人を褒めることでも、自信を持つことができるようになるのです。

POINT

他人を褒めることで、自分の幸せホルモンが多くなります。小さなことでも相手の良いところを見つけて、本音で褒めましょう。

6章

9個の悩みを一流の自信に変える処方箋

人生には9個の悩みがあり
9個の悩みからさらに悩みを作り出している

人生には9個の悩みがあることをご存知でしょうか？

この9個の悩みは、生きている限り誰もが経験する悩みで、一流の自信持ちの人であっても、この9個の悩みは人生の中で必ず経験しているものです。

その9個の悩みとは、

1　家族
2　健康
3　仕事・職場
4　性格
5　生き方
6　容姿

7　恋愛

8　子育て

9　お金

です。この本を読んでいるあなたも、この9個の悩みのうちどれかは今も抱えている悩みではありませんか？

残念ながら、これらの9個の悩みがすべてクリアになることはない、と言っていいでしょう。実際、私のところに来てくださる患者さんも、カウンセリングや施術の際に話していると、100％この9個の悩みを一緒に持っています。つまり、**本当の悩みは9個の悩みのどれかであって、表面上に見えている悩みは、本当の悩みがあるからこそ、それに伴って生まれた悩み**と言えます。

例えば、「結婚したいのにできない」という本当の悩みには、「太っている」「目が一重だ」「人と話すのが苦手」といった表面上の悩みがあるということです。

自信のない人ほど9個の悩みを多く抱え込んでいます。ですから、9個の悩みから派生した二次的な悩みとなると、数えだすときりがないほど持っていたりします。

自信持ちの人も、人間ですから9個の悩みのうちいくつかは必ず持っています。ですが、自信のない人が持っている悩みとの大きな違いは、悩みが生まれても悩みを大きくすることなく、長引かせない点です。

これまでお伝えしてきたように、**起こった出来事の捉え方をポジティブに変える能力が高く、積極的な失敗を恐れずに自分を信じ切っているからこそ、いつまでも悩みを引きずったりせず、素早く処理してしまう**ことができているのです。

人は置き換えて考えることが苦手です。自分に起こった出来事を他人に置き換えて考えたり、他人に起こった出来事を自分に置き換えて考えたりすることがなかなかできません。つまり、客観的に、俯瞰的に見ることができないのです。なぜなら、人は感情の生き物だからです。

感情があるからこそ人生が楽しく、豊かでもあるのですが、逆に感情があるからこそ物事が複雑化することも多々あり、人生が苦しく辛いものになることもあります。

「他人のことはよく見えるけれど、自分のことは見えない」ことも、人が置き換えることが苦手と言う所以です。

例えば、この本も読んだのはいいけど、「いいことを聞いた」で終わってしまう可能性もあります。自信がないから、もっと自信を持てる自分になりたくて読んでいるはずなのに、どこか他人事として読んでいるかもしれないからです。

私のところに来てくれる患者さんには、その都度その都度、悩みに対してさまざまな角度から必要なアドバイスをさせていただいていますが、この本を読んでくださっているあなたとは、今実際に会って直接アドバイスをすることができません。

ですから、この6章では「9個の悩みを一流の自信に変える処方箋」として、ワンポイントアドバイスを贈ります。

この処方箋は、これまで私が聞いてきた悩み事の中で多くもらった悩みと、それに実際に私が答えたアドバイスをまとめました。「一流の自信持ちになりたい」と思っていても、自分の中で納得しないと本当の意味では変われないので、最後に納得するためのヒントたちを贈ります。

このアドバイスにおける注意点は、私にされた具体的な悩みに答えたものであるため誰にでも当てはまるとは限らないということです。

しかし、**すべてを「自分ごと」と捉え、置き換えて読むことで吸収力が上がります。**9個の悩みに対するどの質問へのアドバイスも、すべてあなたへのアドバイスなのです。

POINT

人生には9個の悩みがあり、生きている限り誰もが経験します。いつまでも悩みを引きずらず素早く処理するために、自分ごとと捉え、置き換えて考え吸収力を上げましょう!

9個の悩み（1）家族

人は変えられない、でも自分は変われる

家族がストレスだという人は、相手への過度な期待があるはずです。自分と同じ環境で生活している自分の家族だからこそ、自分の気持ちや感覚がわかって当たり前だという錯覚に陥ってしまいやすいのです。しかし家族であっても、俯瞰してみれば一個人の集合体です。「人は変えられない、でも人は変われる」という人間の絶対法則を、家族だけ特例で破りたくなってしまうことはよくあります。

ですが、相手が家族だからといってあなたの気持ちや感覚をすべて理解してくれているかというと、そういうわけではありません。むしろ、距離感の近い相手の話ほど耳に入りにくくなります。あなたが家族の気持ちや感覚をすべて理解できないのと同じです。

どんな言葉をかけても、どれだけ願っても、どう仕向けても、相手が変わろうと

しない限り変えられない。主導権は相手にあるのです。では、何を変えればいいのでしょうか。

相手ではなく、自分を変えていくことにベクトルを向けましょう。思い通りにならない家族にベクトルを向け、感情的になりイライラするなら、自分にベクトルを向けるのです。**唯一あなたが変えられるのは、自分だけ、**です。

相手を変えてやろうと頑張るより、自分なら今すぐに思い立った瞬間から変えていくことができます。

本音を話せば関係はどんどん良くなる

なかなか本音を人に話せないという人は、一番本音を話しやすいはずの家族に本音を話す機会を作ってみましょう。もちろん親友でも構いません。

人は誰しも、多かれ少なかれ本音と建て前を持っています。本音を人に話せない人は、建て前の部分だけを人に見せているので、同じように他の人も「自分と同じようなことを相手も思っているかもしれない」と信用できなくなったり、「騙されているかもしれない」と疑ってしまうのです。

本音を話せば、関係が一時的に悪くなることもあります。反面、本当に理解し合うこともできます。本音を話すことは、勇気が必要ですし、最初は緊張したり、恥ずかしくてうまく伝えられないかもしれません。

しかし、**少しずつでも本音で話すように実践していくだけで、自分の気持ちに正直に向き合うので素直になっていきます。本音の付き合いの中から「人は人、自分は自分」と考えられる機会が増え、自立心はより高まります。**そうして一流の自信を手に入れられるのです。

また、本音で話すことで、相手も本音で話してくれるようになるので、関係性はグッと向上します。

意見の衝突を恐れない

家族は、何か決められたものや紐でつながっているわけではありません。だから本音をぶつけないことのほうが問題です。相手を怒らせるのが怖くて本音の話ができない、ということもあるでしょうが、あなたが本当に話さなくてはいけないと思うことは我慢してはいけません。それを**本音で話し合い、超えていくことが、人間関係における絆を作っていくためには最も大事なこと**なんじゃないでしょうか。もちろん、すべてを本音では言えないと思いますが、言葉を選び相手に伝える努力が必要です。

POINT

家族との絆を作ることが、人間関係における絆を作っていくために最も大事なことです。絆は一流の自信を持つためにとても大きな一歩になるでしょう。

9個の悩み（2）健康

どんな成功者でもお金で買えないもの、それが「健康」

人が望む願いの中には「不老不死」があります。昔話や童話の中に、不老不死を手に入れるといったものが多いことからも、その願いの強さが伺われます。お金持ちの人が、お金や地位に固執して「死にたくない、健康でいたい」と願い、ときには残酷な方法をもってまで、不老不死を手に入れようとするストーリーを読んだことが一度はあるのではないでしょうか。

しかし人間は、いつか死を迎えます。ですから**あなたが今できる取り組みは、健康な肉体をつくること**です。体に良くないと思われることや、それを続けることで不健康になってしまい後悔するだろうと思われることは、今すぐにやめましょう。自分の体を愛おしむことです。そうすることで**あなたの中で自分自身への視点が変わり、健康であることの尊さがあなたの体にも伝わります。**

健康は日々のあなたの身体への取り組みによって維持されます。どんなに成功しても、お金を持ったとしても、この日々の取り組みなくしては、健康は守られません。健康はお金では買えないのです。

また、あなたの家族や友人たちは、あなたが長生きしてくれることを願っているはずです。

あなたが健康でいることは、あなただけの問題ではないのです。

一流の自信を持つためには、最低限の健康への取り組みは必須

今の時代は、健康を害するものに溢れています。ですから健康になるための最低限の取り組みは必須といえるでしょう。最低限の取り組みとは？　と思う方は、健康関連の書籍などから得ることができます。

職業柄、私も健康にかなり気をつけており、いろんな対策を講じていますが、**健康を維持するために最も邪魔なものはストレス**だと考えています。

ストレスを生み出しているのは、実はあなたの受け取り方です。つまり事実に対する思考（受け取り方）を変えることです。それでストレスが軽減され、前向きに生きるパワーがみなぎることで幸せな人生に変えていくことができます。幸せな人生だと「自分が自分の人生を創っている」という一流の自信を持てるようになってきます。

一流の自信を持てるようになってくれば、体を害するストレスを持つ可能性が低くなります。なぜなら自分の中で芯が整って軸ができ、そして信念を持つことができるからです。

ストレスを無駄に与えない環境をつくる

世の中にはストレスとなる要素がはびこっています。特に現代人はパソコン・スマートフォンの浸透によって、知らないうちに幸せホルモンであるセロトニンが分泌されにくい生活に陥っており、溢れかえった「情報」に私たちは振り回されています。**情報は便利ですが、不必要な情報まで入れてしまうとストレスにつながっていきます。**

特に、不安を感じる情報は徐々に頭の中でイメージが膨らんできます。例えば「病気かもしれない」と情報を集め、病気になったイメージを持ち、診断されないうちから不安になる。そのように不安なイメージがずっと頭の中に残り、自分では解消できないストレスになってしまいます。

もしあなたが今、**健康に悩みがあるのであれば、できるだけストレスを無駄に与えない環境づくりをしてください。**

POINT

一流の自信持ちは、健康な肉体と精神があってこそもたらされるものです。肉体と精神は繋がっています。自分自身の身体に目を向けましょう。健康はお金では買えません。

9個の悩み（3）仕事・職場

人間関係の考え方

あなたは存在しているだけで価値のある人間です。その価値は、誰も侵害することはできません。ですから、あなたは**無理に嫌いな人と付き合う必要はない**のです。

あなたの時間は、あなたが「いいな」と思うことを優先して行うことに使ってください。人間関係での無駄なストレスにより、大切な人との時間が楽しくなくなったり、仕事や家事などの作業効率が低下したり、人生や仕事に対する情熱が失せてしまっては、誰のためのあなたの人生なのか？　と虚しくなってしまうでしょう。

職場の**人間関係において非常に重要なのは、自分が何を求められているのか、何をするべきなのかということ**です。

だからと言って、そのすべてを引き受けることはありません。色々なことを求め

られたなら、あなたが何を重要にしているのかを相手に明示することにより、仕事においても職場においても生活がしやすくなります。

職場で上司からパワハラを受けている人は、職場の問題を早めに表面化させた方がいいと思います。なぜなら、会社がその問題を正当に評価できないのであれば、あなたの価値も正当に評価されることはありません。そのような不誠実な会社で働く必要はないと私は考えるからです。

なんでも早い段階で決着をつけなければいけないわけではありませんが、**普段から決断の遅い人は思い切って決断してみてください。**

できる人、できない人の違いとは？

仕事ができる人とできない人の違いとは、約束を守れるか守れないかの違いです。この約束の基準というのも、仕事ができる人とできない人ではレベルが違います。

仕事における約束とは、時間や期日の約束だけでなく、「本人が提示したことを守れるかどうか」です。そのため、自分のキャパシティを把握して、できること、できないことの基準を明確にしておく必要があります。

例えば営業で新規開拓をしないといけないときに、上司から「今週の訪問目標件数は？」と聞かれたとします。その時に、本当は他の予定もあるし5件くらいしか行けそうにない、としても、上司には「7件行きます」と提示します。そして、7件以上行くように予定を調整したり、効率よく行けるルートを考えて実行したりして、提示した7件以上の10件を達成するように取り組むのです。

そうすることで、それを達成した時に自信がみなぎってきます。そして、**できた時は必ず自分で自分を褒めてあげてください。**上司から言葉による評価を受けられなかったとしても、頑張ったことを誰よりも知っているあなたが自分を褒めてください。

できなくても「できなかった自分はダメだ」と劣等感に苛まれる必要はありません。**「なぜできなかったのか」と考え、できなかった理由を知り、次に生かすことです。そうすることによって、そのできなかったことは、建設的な失敗になります。**

それを繰り返すことによって、あなたは仕事ができる人に変わっていきます。

働くことの目的はお金ではなく、やりがい

お金は生きていくために必要なものですが、お金を稼ぎたい人ほどお金に縁がなかったりします。**お金というものは誰かの悩みを解決したり、誰かが喜んだことによって生まれる副産物であり、「ありがとう」の気持ちが形になったもの**です。お金目当てで頑張ると一時的には稼げたとしても、「ありがとう」の気持ちが循環しなくなり、稼げなくなることがよくあるのです。

ですから、働くことの目的がお金ではなく、やりがいであれば、長く「ありがとう」の気持ちが循環することになり、結果としてお金も長期的に循環することになります。

仕事でやりがいがない状態だと、その多くは生活が成り立つレベルになると事業が縮小してしまったり、止まってしまいます。これは仕事をしていくために大切な「パッション（情熱）」がなくなってしまったからです。

これは行動パターンの過渡期というもので、この過渡期というのはうまくいく時、うまくいかない時を繰り返していきます。つまりアップダウンが激しい時期です。ほとんどの人がこの過渡期を迎えた頃に、行動することをやめてしまいます。しかしこの過渡期こそが、勝負どころです。そして、過渡期の後に停滞期があり、この停滞期を超えられた人のみが成果を享受することができます。

生活が成り立つまでは、生活を成り立たせるためという目的に向かい、お金を稼ぐことを頑張りますが、その目的が達成された途端に、やりがいを見失ってしまった人はやめてしまうのです。

こうしたビジネスを展開している時は、お金以外に目的がないのでモチベーションが上がりません。しかし、自分がやっていて楽しく、それによって喜んでくれる人がいることが嬉しいと思って始めたビジネスは長く続けようと思えます。

この**「続けていて楽しい」「喜ばれて嬉しい」というポジティブな力がとても重要**です。

流れ作業で生きていくことを終了する

もし今あなたが、人生に満足いかないことがあるのであれば、満足がいくように変えていってください。違和感を覚えることがあれば、今すぐにやめてください。こう言うと、無責任に聞こえるかもしれませんが、あなたの人生に必要だと思うからこそ伝えたいのです。人間には必ず最期の時があり、その時に後悔することはこれまでの「人生の時間の使い方」のケースが多いからです。

人は変わることを嫌います。理由は「追加で労力が多大にかかるから」です。でも、**流れ作業で生きていることが悩みになり、その後自信を奪ってしまうことはよくある**のです。もちろん安心や安定というものは捨てがたいですし、変わり続ける時代の背景を見ても安心や安定していることの方が重要という人もいます。

ただ自分の中でなんとなく、多分仕方ない、みたいな感じの状態を感じることがあれば、減らしていくことがとても大切です。**今起きている事柄に対して「なんとなく」をなくしてください。**例えばAとBがあり、それを選ぶ場合「なんとなくA」ではなく、「○○だからA」というように。もちろん自分なりの理由を作った中でも、やはり違ったなと思うものは徐々に出てきますが、それは良いことです。なぜなら、それは自分の中で進化している証拠だからです。

あなたがもし「なんとなく」といった流れ作業で生きているのであれば、一度足を止めて考えてみてください。そうすることによって、あなたの人生は同じことをしていたとしても流れ作業ではなくなってきます。

自分には価値があり、色々なことを考えていることに気づき、生気が溢れてくるでしょう。それを大切にしてください。

個性を出すことにステータスを感じてほしい時代

人と違うことは悪いと思われていた時代から、人と違うことが認められる時代に変わってきています。**これからは個人の時代です。**

個人の能力を高めること、軸が整い信念が出てくること、自分を理解すること、これらができている人ほど、ビジネスで困ることはありません。**最も良くないのは、自分の意見を持たない人**です。

何も言わない、じっと待っている、ボーッとしている……、こうした人はこれからの時代では、一番にいらないと言われてしまう人間になります。

わからないなら、わからないと言えばいいのです。弱い自分を出せる人間は支持を集めます。そしてダメな自分があるからこそ、より人々はあなたに共感をしてくれます。弱い自分を出せることは、強烈な強みになるのです。だからこそ何か発言をして突き進んでください。そうすることによってあなたはきっと、自信に溢れた毎日を過ごすことができるはずです。そして時代からも歓迎されるビジネスパーソンになるでしょう。

POINT

職場だからといって無理に苦手な人と付き合う必要はありません。そのストレスをなくしていくことで、作業効率が上がり、人生や仕事に対する情熱を維持することができるのです。

9個の悩み（4）性格

自分の性格が嫌になった時

あなたにとってのライバルや敵は「あなた」しかいません。他人を変えることはできませんが、あなたが自分を変えようと思って本当に努力をすれば、あなたの性格や受け取り方を変えることができます。

ただし、自分のすべてが嫌だという抽象的なイメージを持ってしまう場合は駄目です。いきなりすべてを変えることは、できないからです。まずは部分的に自分が変えたいと強く思う部分を変えていくなら可能です。その部分に対して尽力をして、それ以外のことをやらずにその修正に対して全力を注げばいいのです。**何を変えるのか「選択」して「集中」して取り組みましょう。**

あなたがもし自信がなくて一流の自信を持ちたいと思っているのに、「自分の性格がダメだから無理だ」と考えているのであれば、あなたがどんな性格なのかをまず

細かく分解して書いてみてください。自分のことは、意外に理解していないものです。例えば、自分のことを嫌な奴だと思っているのであれば、どこがどのように嫌なのか書いてみてください。自分の性格が悪いと思ったら、どういう性格が悪いのかを書いてみてください。

そしてそれらに対し「なんで?」と質問していってください。その結果、改善する点が明確に見えてきます。その改善点に対して、真摯に取り組んでみてください。これが「選択」と「集中」です。こういった取り組みをしない限り、あなたの性格が変わることはありません。

厳しいかもしれませんが「あなた」が「あなた」と向き合わない限りあなたが変わることはありません。自分の性格が嫌になる時は、誰しもあります。

すべての原因を持っているのは自分なのです。ですから、自分以外、自分を変えることはできません。あなたの問題だからこそ、あなたが対処できるのです。もちろん相手が悪い場合もあるでしょうが、自分が変わらないと相手を変えることができず前に進めません。

これはとてもポジティブな話で、あなたは他人を変えることは出来ませんが、あなたを変えることはできます。勇気を持って、まずはやってみてください。

相手の性格が嫌だと思った時

相手の性格が嫌だと思った時、一番簡単な方法は付き合わないことです。しかし家族や会社の上司など、嫌だなと思うからといって付き合わないというわけにはいかない人もいます。そのように本当は嫌だけど付き合わないといけない人に対して、あなたはどうすればよいでしょうか。それは、相手に変わって欲しいと思うことを自分に置き換えて、自分がその部分を変えればいいだけです。

「相手が悪い」「変わってほしい」と思っているうちはストレスはなくなりません。なぜなら、相手を変えることはできないからです。「私が変わろう」、「私は何を変えようか」と考えているうちに、実は相手ではなく、自分の問題だったということに気づけます。あとは簡単です。あなたが実際に気づいたことから何を行動するのかを決めるだけです。

それだけで気持ちも状況も大きく変わり、あなたのストレスも減っていきます。ストレスが減るということは自分の自信につながっていくことなのです。

性格のいい人の定義とは？

「性格のいい人」ってどんな人のことを言うのでしょうか？　実は性格のいい人というのはいないのです。

衝撃的でしたか？　**あなたが思う「性格のいい人」というのは、あなたにとって都合のいい人、もしくはあなたが好意的に感じている人**です。ですから、性格のいい人ではなく、あなたはどういう人が好きなのか、を明確にしておけばいいのです。

「性格のいい人を紹介してほしい」などと言う人もよくいますが、これは自分のイメージの中でのいい人です。「恋人が欲しいから誰か紹介して」と言われ、「どんな人がいいの？」と聞くと「性格のいい人」と答える人がとても多いのですが、「性格のいい人ってどんな人？」とさらに突っ込んで聞くと、実に返事がまちまちなのです。その時に感じたのが、**性格のいい人、優しい人などの定義は人それぞれ違う**ということです。

つまり、世間一般で言うところの「性格のいい人」という定義は存在しないということであり、自分が好きな人を明確にしておけばいいのです。

POINT

性格のいい人、というのは実はいません。性格のいい人、優しい人などの定義は人それぞれ違います。他人を変えることはできませんが、あなたの性格や受け取り方はいくらでも変えていくことができます。

9個の悩み（5）生き方

固定観念に囚われない生き方

あなたの人生において、あなたが縛られなくてはいけないものはひとつもありません。そして**一流の自信を持っている人は、縛られることも、縛ることもしません。**自由に生きながら、自分の中で一流というものを見出していきます。もしあなたが固定観念に囚われていて、苦しいと思うのであれば、その固定観念を壊してみる、もしくは離れてみる、やめてみるということを行ってください。持っている固定観念に、新たな観念を付け足したり、微妙に変えようとするのは駄目です。

例えば、家をリフォームした方がいいのではないかとアドバイスをされた時に、じゃあ家具の配置を変えようという、中途半端なことをしてもなんら意味はないわけです。

このように人によっては、中途半端に少し変えて「変えた」と思っている人がよ

くいますが、実際には根本的に改善をしないといけないのです。

根本的な改善は、人によってどこまでやれるかというところが勝負になります。

あなたが自分の持っている固定観念に苦しんでいて、そこから脱却したいと思っているのであれば、思い切った行動を取ってみてください。**行動することによって、あなたの人生が満足いくものに変わることは間違いない**でしょう。困難が来た時に、その困難を困難だと考えることは、そもそも間違いです。その時点ではマイナスに見えることでも、実際は人生においてプラスになることはよくあります。

離婚したいけれど「私には生活力がない」という固定観念で動けなくなっていた女性が、「どうにかしてみせる！」と思い切って離婚したのち、今は仕事にも恵まれ、親子で幸せに暮らしています。


このようにその時だけを見たらとても辛く思えることも、実際にはとても大きな人生におけるポジティブな出来事になることもよくあります。決断をし、勇気を持って行動する、固定観念を振り払っていくことで人生を良い方向へ進めることができます。

そんなに型にはめないといけないですか

絵に描いたような幸せな人生を送りたいと思う人は多いでしょう。例えば、良い学校へ行き、良い生活をし、裕福な生活を送る、といったようにです。しかし、**本当にその生活があなたにとって理想的で楽しいのでしょうか。**

なにも世間で言うところの幸せという型にはめなくても、幸せだと感じることも、楽しいと感じることもたくさんあります。お金持ちだから幸せなのか、というとそうでもなく、お金持ちだけど不幸な人も私はたくさん見てきています。逆に、お金はないけど幸せそうな人もたくさん見ています。これ以外にも、お金持ちでとても幸せそうな人もいれば、お金がなくてとても不幸そうな人もいます。ですから**「お金持ちなら幸せ」といった決まった形なんてない**ということです。

成功したい人が、いろんな人の成功パターンを真似しようとすることがあります。しかし、ひと口に成功と言っても、その成功した人のいろんな諸条件によって成功しているパターンなので、完全に真似するのは不可能です。

経営者同士で話しをすると、成功パターンは共通点が非常に少ないのに対し、失敗パターンは共通していることがよくあります。そのため失敗パターンだけ学んでおき、同じ轍を踏まないようにします。

つまり**型にはめずに、押さえるべき要点をちゃんと押さえていることがとても重要になってきます。**

あなたの人生を人と同じような型にはめる必要はありません。何度も言いますが、人によって幸せの形も、成功の形も違うのです。

ですから、あなたがこのように他人の型に自分をはめていたなら、今すぐに飛び越えてみてください。

批判されてもあなたの価値は下がらない

自信のない人は、人に批判されることを恐れています。自信持ちは、人に批判されることを恐れていません。「そういう人もいる」と認めていますし、批判されたからと言って自分の価値が下がるとも思っていません。どんなに人に批判されないようにと気をつけていても、あなたのことを批判してくる人は出てきます。

批判されることを恐れてはいけません。あなたの中で大事だと思えるものが守られていればいいのです。だから批判をしたい人は勝手にしてもらえばいいのです。

これは生きる上で、とても大事な考え方です。争うことなく、自分がどうあるべきなのかを見つめることです。あなたがAだとすれば、批判してくる人はBなだけです。Aがあっても B があってもいいのです。相手に答えはありません。自分に答えがあります。

自分のあり方を信じられることが、あなたが批判を恐れずに生活できる一番大事なポイントです。誰が一番あなたのことを信じられるのか？　それは他人ではなくあなたです。**あなたの価値は批判などで下がったりしない**のです。

「多くの人と人間関係を良くする」は大きな間違い

多くの人とつながり、その誰ともよい関係を築きたい。そう思う人は多いです。しかし、多くの人との人間関係を良くすることは、特に大切なことではありません。

なぜなら、**八方美人になって個性を失ってしまう**こともよくあるからです。確かに広く関係を持つことも大切ですし、多くの人とよい人間関係を築ける人は、それはその人の長所だと思います。

ただ、それがあなたにとって、本当になりたい姿なのかどうか？　それを考えたときに感じた気持ちに正直になってください。多くの人とつながる自分を考えたとき、しんどいなと思うなら、それでいいのです。

もちろん、たくさんの人と関わり、癒したり励ましたり、影響を与える人になるべき人もいます。そしてそれを望んでいる人もいます。もしあなたがそうなりたいなら挑戦すればいいでしょう。

みんながみんな、人間関係を築くのがうまい人になる必要はないのです。

POINT

人生において縛られることも、縛ることもあなたには必要ありません。固定観念に囚われていて、苦しいと思うのであれば、その固定観念を壊してみる、もしくは離れてみる、やめてみるという行動を起こしてください。

9個の悩み（6）容姿

デブでハゲでも結婚はできる

容姿にコンプレックスを抱える人は世の中に多くいます。そして、うまくいかないのはすべて容姿のせいだと考える人もいます。しかし、容姿がうまくいかないことのすべての原因かというと、実はそうではありません。

太っていることや頭が禿げていることなどを理由に、「結婚ができない」と言われる男性や、「スタイルが良くないから私はダメだ」「理想が高いから私は結婚できない」と言っている女性は、**コンプレックスをうまくいかないことの理由にして自己完結しているだけ**です。

容姿というものは、人間関係を作っていく中で、徐々に要素が小さくなっていきます。それよりも、フィーリングが合っているかどうかのほうが要素としては強くなってきます。つまり、あなたがもし**自分の容姿に自信がなくても、中身を磨けば**

十分に結婚も恋愛も可能だということです。

「そんな月並みな言葉はもう聞き飽きた。そうは言っても所詮、見た目で得も損もする」という人もいると思いますが、ここで一度真っ白になって、そういった固定観念を一度横に置いて聞いてください。そして、自分はできているか？　のチェックをしてみてください。

ここでは恋愛を例に考えてみましょう。まずは、積極的に出会いの場に行くことが恋愛においてはとても大切です。出会いの場で自分の話ばかりするのではなく、相手の話を聞きながら、時折自分の話をしていく。これはテクニックではなく、マナーです。このマナーを守ることができれば、必ず相手とコミュニケーションを対等にとることができます。

仮に容姿で劣っていたとしても、「誠実さ」があれば人の心を動かします。また相手との共通点を探し、話題にしましょう。共通点があれば「容姿」は非常に小さな要素になってくるのです。

容姿にコンプレックスを持っていると、おどおどして見えたり、相手の目を見て会話ができなかったり、必要以上に良く見せようとして、逆に会話が持たなかったりします。結局、**断られるのは容姿に問題があるのではなく、容姿に問題があると思っているあなたの内面の問題**です。コンプレックスを克服するためにも、自信を持って自分磨き（中身磨き）に取り組んでみてください。

容姿よりも大切なのは思考と使う言葉

見た目よりも、その人の思っていることや考えていること、そして使う言葉のほうがよほど重要です。この要素をしっかり満たしている相手とは、長いことお付き合いをすることが可能になりますし、付き合っていてとてもハッピーになります。

人を魅力的だと思うときは、自分にないものを持っている人に惹かれる傾向にあります。

つまり、人に惹かれるときは**「こうなりたい自分」の要素を持っている人に惹かれる**ということです。それを素直に認められず、自分にないものを持っているということで嫉妬するばかりの人もいますが、それでは成長していくことはできません。

自分が惹かれる人がいれば、自分はこうなりたいのだな、と認めることです。そして、自分の中で「この人のこんなところを自分も目指したい」と、こうありたいというものをモデリングしながら思考を作っていきます。そうすることで、徐々にあなたが本来目指す、あなたらしい人生を作っていくことが可能です。

そして、あなたが今使っている言葉を見直してみましょう。人生がうまくいかないと思っている人は、ネガティブな言葉をよく使っています。「どうせ自分なんか……」、「なぜアイツばかり……」、「ツイてない」、「おもしろくない」などです。心当たりがあるなら、今すぐ使う言葉を変えていきましょう。

基本的に使う言葉は、ポジティブな表現を意識しましょう。「幸せだ」、「楽しい」、「うまくいく」、「ありがたいなぁ」、「気づかせてもらえた」などです。その理由は、このような**ポジティブな言葉を使うことにより、人生を好転させることができる**からです。「引き寄せの法則」とよく言われますが、使う言葉で、その人の生き様や人生が決まるといっても過言ではないのです。「幸せだなぁ」と言っている人は、不思議と幸せな人生になっていきます。**あなたが使う言葉は、あなたの思考を作っていき、人生をも作っていくパワーを持っています。**

言葉の力はとても強く、そのひと言で人間性を疑われたり、人を傷付けてしまったりします。また、ＳＮＳでは不用意な言葉で炎上したりすることもある時代です。これからは、言葉をうまく使いこなし、そして使った言葉通り、本心で行えるかどうか、これがとても重要な課題になってくるでしょう。

悲劇のヒロイン思考を卒業しよう

人は誰しも「過去の体験」を持って、今を生きています。その過去が壮絶な内容の人もいれば、辛いこともあったけど総体的に楽しいことが多かったと言える人までさまざまです。

私は、**どんな事が起きても捉え方ひとつで人生を変えることができる**と思っています。

容姿についても「私の見た目が悪いから何もかもダメなんだ」と容姿のせいだけにしても何も変わりません。

容姿が気になるのであればファッションでカバーしたり、体型を変える努力をしたり、髪型を変えてみたり、女性であれば化粧を変えてみたり、ということはできます。**何もせずに悲観するだけでなく、変えていく努力をしていくことによって、自分への見方が変わっていく**ようになります。少し努力するだけで、今まで欠点だと思っていたところがチャームポイントに思えるようになるものです。また、人からの見え方（評価）も変わってきて、そうなると雰囲気すら変わってきます。

つまり、**人間は努力をすれば報われることの方が多い**と私は思っています。もちろん努力だけではどうにもならないことも実際には存在します。しかし、自分自身をよく見せるための少しの配慮をすることによって、自分の中でコンプレックスを消し、そしてそれを自信に変えることができます。

今の自分のすべては過去からできている

何事においても、今の結果は過去に原因があっての結果です。それと同様、あなたが容姿を気にしたり、自信を失っていること（結果）は、すべてあなたの過去からできています（原因）。

あなたの過去に起きたこと、自分が考えて選択したこと、自分が想像したことなど、あなたの過去すべてが重なり、今のあなたが出来上がっています。**今のあなたの現状、環境、思考、すべてが過去のあなたが作ったもの**です。

ということは、**今現在のあなたが起こすこと、選択すること、考えることすべてが、あなたの未来につながっていく**ということです。あなたがこれからの未来をどう作っていきたいかによって、今のやるべきことをやり、選択すべきことを選択するのです。未来のあなたの人間性を作るのは、すべてあなたの過去からつながっている「あなた」なのです。

POINT

容姿がうまくいかないことのすべての原因ではなく、コンプレックスをうまくいかないことの理由にして自己完結しているだけです。自分の容姿に自信がなくても、中身を磨けば十分に結婚も恋愛も可能なのです。

9個の悩み（7）恋愛

しない失敗よりもした失敗を目指す

何事もイメージではなく、実際に自分自身が体験してどうだったのかの経験値が人生には必要です。しかし、**注意したいのは、その体験がすべてと思わないこと**です。他の人に自分の体験したことを強要しても、それはあなたの経験であり、他の人に当てはまらないことも多いです。自分がその経験をしているということは、自分にとって後々生きてくることはよくあります。

そのため、なにか失敗をしたとしても、それはあなたにとって良い経験になります。つまり、**常に攻めの姿勢を崩さずに何かしら取り組んでいれば、恋愛においても成就しやすくなります。**攻めの姿勢とは、気になった相手に猛プッシュし続けるという意味ではありません。相手との接触頻度を上げたり、電話やメールなどやり取りをマメにするなど、相手に対して誠実な態度で接し続けることが積極的な行動

と言えるでしょう。

恋愛に自信がないからと失敗することを恐れて行動しないよりも、**色々な行動を起こして失敗していくことが、あなたの恋愛偏差値を上げることになります。**

相手に好かれるには

好きな人ができれば、その人に同じように自分のことも好きになってほしいと思うものです。しかし、相思相愛になれるのはあなたも経験上あると思いますが、時としてそれは叶わないことも多いもの。では、相手に好かれるためにはどうすればいいのでしょうか？

相手に好かれるために、相手のことをリサーチし、相手の好みを知ることが一番なのでしょうが、なかなかそれが難しいことがあります。

そこで、まずはあなたが人を好きになる時はどういうシーンかを一度細分化してみましょう。まずは10個挙げてみてください。その10個の中には、**人を好きになる色々な要素があるはず**です。

涼しげな目元が好き、背が高い、スタイルがいいなどの見た目だけでなく、マメに連絡をくれた、優しかった、困っているときに助けてくれた、夢を持っていたなど、あなたが好きになった要素を挙げてみます。次に、その中にあなたも持っている要素を見つけます。背が高いところ、マメに連絡をするところ、夢を持っているところなど、あなたがその要素を持っているなら、それはあなたの人に好かれる部分であると言えます。過去に異性から好きだと言われたことがあるなら、どこが好きと言われたのか思い出してください。自分が好きになる要素と、それが重なっていれば、それはあなたの強みになります。

つまり、どういうポイントが相手に好かれるのかを見出すのです。ただ、だからと言ってあなたが好きな相手からあなたが好かれるかどうかはわかりません。これは相性もあるし、相手の思考や好みにもよります。

好きになることに関しては必ず思考にパターンがあります。そのパターンをまず自分なりに分解していくことで、どうすれば相手から好かれるのか、自分はどういう特性を持っていて、どういう時だと好かれやすいのかがわかるようになります。

こういった分析をすると、「私は好かれることがない」とネガティブになる人がいますが、「好かれるように努力しよう、変わっていこう」と前向きになれば、一流の自信も身についてきます。

相手に好かれることは相手の感情のことですから、一流の自信を持つのは難しいかもしれません。自分が相手の感情をコントロールできるわけではないからです。

ですが、**相手の感情に対してあなたがコンプレックスを持つ必要はない**ということを私は伝えたいのです。

第三者の意見は客観的な目線をくれる

「恋は盲目」といわれているように、**恋愛に関しては第三者のほうが客観的によく見えています。「好き」という感情は、これまでに述べてきた「固定観念」の塊です。**

「この人のこんなところが好き」と思い込むと、例えそれが他人から見て支配的だったとしても「男らしい」とか「自分のことを愛してくれているから、そんなことを言うのだ」と思っていたりすることが多々あります。ですから、第三者に聞くことで、自分では気づいていないところを的確に言い表してくれることがあります。

ここで大事なのは、第三者の意見を丸ごと聞き入れるということではなく、**第三者の意見を取り入れて感情に流されずに客観的に見ることで、自分にとって良い判**

断をしていこうということです。

しかし、相談した相手も固定観念であったり、想像の世界で話していることがあるので、その関係をどうするかを最終的に決めるのはあなたです。

POINT

恋愛偏差値を上げるためには、行動を起こして失敗すること。失敗をしたとしても、それはあなたにとって良い経験になります。失敗を恐れず、常に何かしら取り組んでくことが大切です。

9個の悩み（8） 子育て

自分が良いと思う教育を行えばいい

今は教育の在り方も多様化しています。**学力を伸ばす教育が主流だった時代から、子供の個性を伸ばす教育に変化しています。**実際に学生時代に学校に行っていなかったり、良い成績がとれなかった人でも、会社経営者や団体組織のリーダーなど、社会に出て大活躍している人は大勢います。

今の時代、学歴や社会的な地位はないよりはあったほうがいいですが、それ以上に**個性や個人の能力が求められています。**これは経営者である私もひしひしと感じていることで、求人をする際にスタッフに最も求めているのは能力や個性です。

ただし重要なのは、教育の固定観念に縛り付けないがゆえに、親子で作ったルール、約束を必ず守らせることが大切です。約束は守っているけれど、社会からちょっと外れているくらいなら、それは許容したほうがいいと私は思っています。

子離れ、親離れしても親子の関係は永遠にある

近年、核家族化が進み、親子関係が非常に密接になっています。しかし**子供に依存したり、子供が親から離れられないことは、親子共々成長できない一番の原因に**なります。

時が来たら子供にはしっかりと自立をさせていくことが大切です。子供の自立は、親の自立でもあります。子供が自立していくとき、親は寂しさも感じるでしょうが、子供にとって一番重要なことです。

POINT

子どもの個性を伸ばす教育に変化している時代、必ずしも型にはまった教育をする必要はありませんが、親子で作ったルール、約束を必ず守らせることは大切です。

9個の悩み（9）お金

自分の器に見合った結果しか長期的には続かない

人間には器というものがあり、その人が持てる量があります。お金も同様です。人には受け取れる、扱いきれるお金の財布の大きさがあり、財布の大きい人は、たくさんのお金を扱うことができます。

財布の小さい人がたくさんのお金を入れると、財布に収まりきらずにいずれ溢れます。その人の財布に見合わないお金が入ってくると、お財布が壊れて徐々にお金が消えていってしまうのです。格差婚がうまくいかなかったり、宝くじを当てた人がすぐに破産してしまったりということが起こるのは、自分が大きなお金を扱うにふさわしい人間でなかったということです。だから私は**器を広げ、磨いていく感覚を研ぎ澄ましていきましょう**と常に言っています。あなたの器を広げ、磨く方法はとても簡単です。どんな人間になりたいかを決め、それを実直に実践していくだけ

です。そしてそれらを受け取る器ができたとき、一流の自信を持つことができます。
このように**人の器と自信はイコールで結びついている**のです。

貯めることを美学としてはいけない

自分に自信がない人はお金を貯め込む傾向があります。自信がないので、自分が選ぶものにも自信がなかったり、お金は自分を裏切らないと貯めることで安心するのでしょう。貯金はないよりあったほうが確かに安心ですが、貯めることしかできないというのは、自分自身の成長につながりません。
なぜなら、**お金は使うことで自分の成長につながる**からです。それは、**お金で「経験を買う」**ということです。

以前、私は税理士から興味深い話を聞きました。税理士は、色々な人のお金の問題を見てきています。その税理士が「お金をたくさん貯めている人の末路ってみんな同じなんですよ」と言うのです。その末路とは、「相続」です。相続は、相続問題と言われるほどで、家族・親戚関係を崩壊させるほどのパワーを持つ「揉め事」です。過分なお金を残してしまったがために、残された家族・親戚が長年に渡り揉め続けるのは残念なことです。

人には自分に見合った器がある、と言いましたが、お金も自分の器に入るだけが入ってきます。まずは、**大きな利益を目指すのではなく、自己成長・自分を楽しませるための経験にお金を使うことが、一流の自信持ちのお金の使い方**です。

日本人は考え方が保守的な傾向であるため、お金の使い方においても保守的な人が多いです。だから使わずに貯めることで安心するのでしょうが、お金を持っていても不幸せな人は多くいます。せっかく自由に使えるお金を持っているのに、自分を楽しませることに使わず、かといって人を喜ばせるために使わずに貯めるばかりでは、いつか器から溢れ出てしまうでしょう。

「お金はあの世まで持って行けない」とはよく言いますが、最低限安心の貯蓄をして、それ以外のお金を自分自身の自己成長のため、そして自分の楽しみや喜びのために使うことで、自分の器にスペースが出来て、またお金が入ってくるようになります。

一流の自信持ちは、お金を貯めることを美学とせず、どのように使うか？　が美学なのです。

人と自分とお金を比べない

人の生み出すコンプレックスの中に「お金がない」というものがあります。自信のない人は、お金持ちの人を見ると羨ましがり、自分にお金がないことでできないことがたくさんある、と考えたりします。**自信のない人はこのように、人にあるのに自分にないものを探すのが得意**です。こういった人と自分とお金を比べて羨ましがるのは、非常に無意味なこと。**人には、その人が在る土壌があります。**土壌が違うのに、タンポポがバラになったりはできないのです。

「お金が欲しいなぁ」という人に、「いくら欲しいの？」と聞くと、たいていは「いっぱい」とか「1億」とかあいまいな金額を言います。「それが入ったら何に使うの？」と聞くと、明確には答えられません。なぜなら、お金の扱いが分からないからです。

お金はあれば人生を豊かにしてくれる素晴らしいツールですが、人の財布の中と自分の財布の中を比べる必要はありません。あなたの器が大きく広がり、それに伴い財布が大きくなれば、大きさに見合ったお金が入ってくるようになります。

POINT

自信のない人は、人にあるのに自分にないものを探すのが得意です。人と自分とお金を比べて羨ましがるのは、非常に無意味なこと。それよりも自分の器を広げることに時間を使いましょう。

おわりに

この度は本書をお読みいただき誠にありがとうございました。本書では「自信」について不安をお持ちの方に、自信を持って自分の人生をいきいきと生きていただくようになってもらいたくて書き上げました。

私は「いいね鍼灸院」の代表鍼灸師として、日々日本中から来院される患者さまの施術を行っています。自身の薄毛に対するコンプレックスから開発された鍼灸技術を用いる鍼灸院ですので、薄毛に悩んでいる方が来院されます。そんな患者さまと接する中で、人間の思考パターンや不安に思ってしまうことには実は共通点が多々あり、それらを無意識のうちに繰り返している中で負の連鎖を起こしてしまうことがわかったのです。

そして、そのような負の連鎖が起こることを意識し、連鎖を止めるように患者さまのメンタル面のケアを行っていくと、患者さまが自信を取り戻していくようになりました。自信を取り戻していくことで人生の幸福感が増したり、悩むことがなくなったり、ファッションなどにも興味が湧いたり、徐々に人生が好転していかれる方をたくさんみてきました。

これは、私にとって本当に嬉しいことでした。

もちろん、残念ながらすべてがそのような患者さまばかりではありません。しかし、そこに本書で言うところの「一流の自信持ち」と「自信を持てない人」との違いが明確に表れていたのです。

このように「自信」を取り戻していく患者さまの中で何がキーポイントだったのか？　を本書において、誰もが実践できるようにまとめました。まずは内容を日常の生活に生かしてみてください。

私が例え話として使った内容も、あなたの人生に起きたことに当てはめてみてください。本書での学びはより身近で深いものになるかと思います。

7日間継続できれば自信を取り戻せる感覚が手に入るでしょうし、30日間継続できればあなたの能力になるでしょう。ですから、不安を感じた際は何度も本書を手に取り読んでみてください。

あなたの人生はあなたのためにあります。

あなたの人生の主役はあなたです。

現代はＳＮＳやネットで容易に情報が集まるようになっています。そんな時代だからこそ「自分」をつくることが何より大切なのです。人間は生きていれば必ず壁に当たります。そんなときこそ、壁を壁と感じない一流の自信を持つことが大切です。本書があなたの不安を解消し、一流の自信を身につけていただけるようになる、ひとつのきっかけになれば幸いです。

本書を制作させていただくにあたり出版助言、指導をいただいたケイズプロダクションの山田稔さん、本業のスケジュールを調整させてくれた社内のみんな、休日も執筆の時間をくれた妻、たくさんの人の協力のおかげで出版を迎えられました。

まだまだ未熟者ではありますが、今後も自信を磨いて生きたいと思います。

夜部達彦

著者紹介

夜部 達彦（やべ　たつひこ）

1988年生まれ、愛知県名古屋市出身。

自身の薄毛に対するコンプレックスから開発された鍼灸技術を用い日本中から顧客が来院する「いいね鍼灸院」の代表鍼灸師。

TV出演や、WHAS2016世界鍼灸フォーラムでは学術論文も出展している。

名古屋と東京を拠点に少数精鋭治療家集団として活動中。


～あなたに自信を作るLINE＠通信～

@464ppnod

～Twitter
@yabetatsuhiko

まわりに振り回されない
自信の教科書
これで、あなたも一流の自信持ちになれる！

2019年6月26日　初版第一刷発行

著　者　夜部達彦
発行者　宮下晴樹
発　行　つた書房株式会社
〒101-0025　東京都千代田区神田佐久間町3-21-5
ヒガシカンダビル3F
TEL. 03（6868）4254
発　売　株式会社創英社／三省堂書店
〒101-0051　東京都千代田区神田神保町1-1
TEL. 03（3291）2295
印刷／製本　シナノ印刷株式会社

ISBN978-4-905084-30-3